주제별 단기완성
기적
특강

그만 틀리고 싶은
초등

맞춤법

초등 4~6학년

길벗스쿨

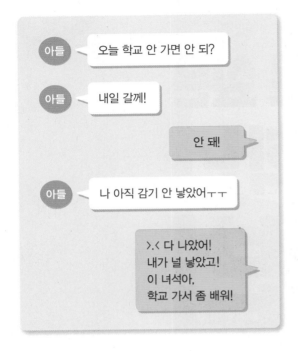

남의 집 이야기 같지 않다. 아들 녀석이 한글을 이제 막 뗀 초등 저학년이라면 몰라도 이제 곧 중학교에 들어갈 고학년이라면 학교에 가서 좀 더 배워야겠다.

맞춤법은 국어 생활의 약속이면서 원활한 의사소통을 위한 필수 도구이다. 그런데 맞춤법 실수가 잦으면 전하고자 하는 의미는 흐려지고 불필요한 오해나 혼동을 일으키기도 한다. 특히 학교 수업 시간이나 수행 평가지에서 반복되는 맞춤법 오류는 학업 성취도에도 부정적인 영향을 끼친다. 잦은 실수가 굳어지면 중·고등학교에 진학하고 성인이 되어서도 여러 가지 난처한 상황을 겪게 될 게 불 보듯 뻔하다.

길벗스쿨은 이번 기적특강에서 초등 고학년이라면 반드시 짚고 넘어가야 할 맞춤법을 모아 기적쌤의 명쾌한 강의로 정복해 보자고 제안한다.

이름하여 기적특강 〈**그만 틀리고 싶은 초등 고학년 맞춤법**〉이다.

전작 기적특강 <맞춤법 절대 안 틀리는 받아쓰기>가 초등 저학년을 위한 맞춤법 교재였다면, 이번 기적특강 <그만 틀리고 싶은 초등 고학년 맞춤법>은 초등 고학년을 위해 기획되었다.

학년이 올라갈수록 읽고 써야 할 게 많고 평가도 늘어나는 초등 고학년. 이 와중에 여전히 어떻게 써야 할지 헷갈리기 일쑤고 철자를 틀리고 있다면 이제라도 맞춤법을 정확하게 배워서 왜 틀렸는지, 어느 부분에서 헷갈리는지 똑똑하게 짚어 보고 정확하게 쓰도록 하자.

이 책은 초등 고학년이 아직도 자주 틀리고 어른들도 가끔 헷갈리는 맞춤법 어휘 240여 개를 선정하여 맞춤법 특강 소재로 삼았다. 크게 4개의 장으로 구성되어 있으며, 맞춤법 테스트를 통해 어휘의 난이도를 **헷갈림 지수** 😐😐😐😐😐 로 표시했다. 어느 정도 알고는 있지만 막상 쓰려고 할 때 헷갈리는 지점에 서 있는 두 어휘를 **VS** 형태로 비교하면서 각각의 어휘가 가진 본래 뜻과 활용 문장, 헷갈릴 때 기억하면 좋은 **암기b법**을 명쾌하게 제시한다.

앞서 보았던 메시지에서 아들은 여러 번 맞춤법 실수를 하고 있다.

'되 **vs** 돼' / '할게 **vs** 할께' / '낫다 **vs** 낳다' 등은 많은 학생들이 헷갈리는 맞춤법 어휘로 본책에서도

헷갈림 지수 ☺☺☺☺☺ 가 꽤 높은 어휘들이다.

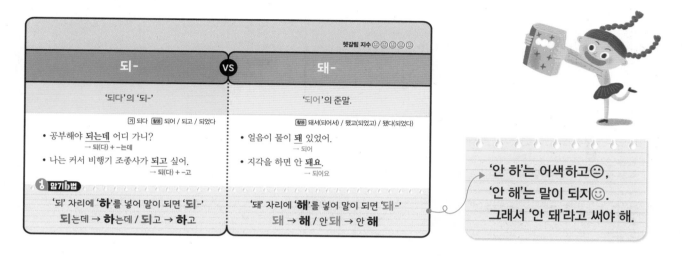

되-	**VS**	돼-
'되다'의 '되-'		'되어'의 준말.
[기] 되다 [활용] 되어 / 되고 / 되었다		[활용] 돼서(되어서) / 됐고(되었고) / 됐다(되었다)
• 공부해야 **되**는데 어디 가니? → 되(다) + -는데 • 나는 커서 비행기 조종사가 **되**고 싶어. → 되(다) + -고		• 얼음이 물이 **돼** 있었어. → 되어 • 지각을 하면 안 **돼**요. → 되어요
암기b법 '되' 자리에 '**하**'를 넣어 말이 되면 '**되**-' 되는데 → **하**는데 / 되고 → **하**고		'돼' 자리에 '**해**'를 넣어 말이 되면 '**돼**-' 돼 → **해** / 안돼 → 안 **해**

> '안 하'는 어색하고☺,
> '안 해'는 말이 되지☺.
> 그래서 '안 돼'라고 써야 해.

이렇게 헷갈리는 어휘의 본래 뜻과 문법적인 내용을 배우고, 예문을 통해 어떻게 쓰이는지 체크해 본다. 특히 기적쌤의 **암기b법** 을 잘 기억해 두었다가 여러 가지 문제 상황에서 비법을 떠올리며 헷갈릴 틈을 없애는 것이 이 책의 핵심이다.

하루에 4가지 유형(8개 어휘)의 맞춤법을 배운 후 간단한 문제로 바로 체크해 보고, 여러 형태의 실전 문제를 풀면서 꾸준히 연습하다 보면 어느새 헷갈릴 틈이 사라지게 된다.

맞춤법 공부는 국어의 기초 능력(문법, 어휘 등)을 갖출 수 있는 출발점이다. 올바른 철자와 문장 구조를 정확히 알면 언어 이해 및 표현 능력이 향상되며 문해력도 올라간다. 때문에 초등 고학년에게 맞춤법 학습은 선택이 아니라 필수다.

초등 입학에 있어 국어의 출발점은 한글 떼기였다.
중등 입학을 앞둔 초등 고학년이라면, 이제 맞춤법 떼기다! 살뜰히 공부해 제대로 써 보자!

파이팅, 초등 고학년!
맞춤법에 맞게 쓰자면,
f=ㅍ, 화이팅이 아니라 파이팅이다.

한글날 즈음해서
기적학습연구소 국어팀 일동

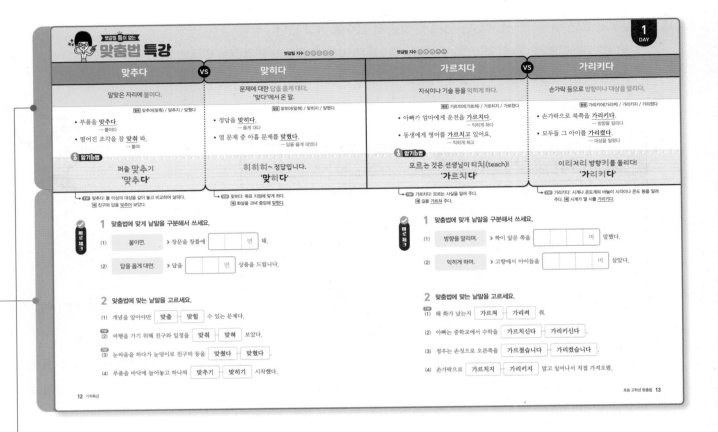

1

헷갈릴 틈이 없는
맞춤법 특강

이게 맞나? 저게 맞나? 헷갈린다면,
기적쌤의 맞춤법 특강으로
어휘의 뜻과 활용을 확실하게 짚고 갑시다.

1 최소 😐😐😐😐😐 ~최대 😐😐😐😐😐 까지 헷갈림 지수를 나타냅니다.
2 **vs** 헷갈리는 두 가지 어휘를 비교합니다.
3 어휘가 가진 고유의 뜻을 확인합니다.
   낱말이 어떻게 활용되는지도 확인하세요.
4 예문을 통해 문장에서 어떻게 쓰이는지 알아봅니다.
5 **암기b법**을 기억해 두었다가 맞춤법 문제에 적용해 보세요.
6 **TIP**에는 알아 두면 맞춤법 고수되는 알찬 어휘 설명이 있습니다.

2

✔ 바로 체크 하는 맞춤법 연습

꼼꼼히 익힌 맞춤법 개념을 문제에
바로 적용해 봅시다.
헷갈릴 때는 **암기b법**을 떠올려 보세요.

1 위에서 배운 내용을 바로 체크해 봅니다.
2 힌트를 보고 문맥에 맞는 말을 단번에 떠올려 쓰세요.
3 헷갈릴 틈을 차단하며 맞춤법에 맞는 낱말을 고르세요.

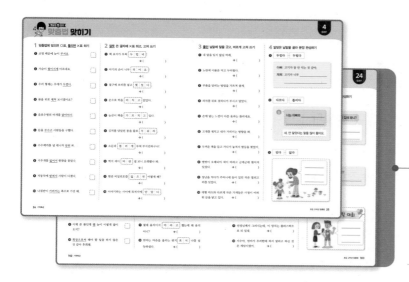

3

헷갈릴 틈 없이
맞춤법 맞히기

1~3DAY에 배운 내용을 한번에 모아
4DAY차에 복습합시다.

1 암기b법 을 적용하며 맞춤법에 맞는지,
어느 부분을 잘못 썼는지 고쳐 쓰고 바꿔
써 봅니다.

2 아직 헷갈리는 어휘가 있다면 앞으로 가
서 다시 공부하고 오세요.

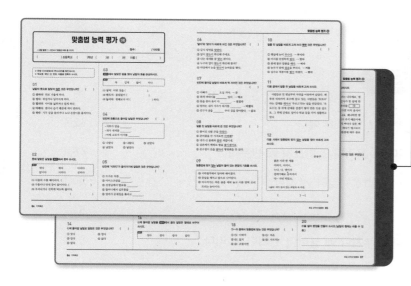

4

맞춤법 능력 평가 1회, 2회

실전에 가까운 맞춤법 문제를
정복해 봅시다.

1 지필 평가 방식의 맞춤법 능력 평가를
2회 출제하였습니다.

2 다양한 맞춤법 문제를 통해 맞춤법
고수로 등극하세요.

권두 부록

맞춤법 사전 테스트

맞춤법을 공부하기 전에
나의 맞춤법 실력을 테스트해 보세요.

차례

맞춤법 사전 테스트

★ 빈칸에 들어갈 알맞은 말을 선택!

1. 고난을 (　　　) 나갔다.
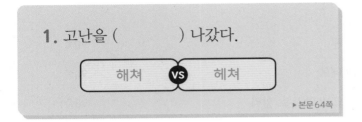
해쳐　VS　헤쳐
▶ 본문 64쪽

2. 당분간 외출을 (　　　).
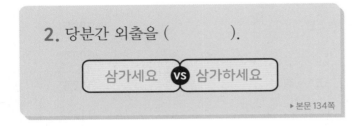
삼가세요　VS　삼가하세요
▶ 본문 134쪽

3. 노란 옷이 눈에 (　　　).
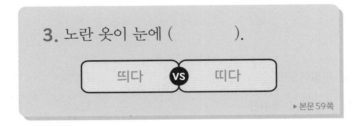
띄다　VS　띠다
▶ 본문 59쪽

4. (　　　)에 까맣게 타겠다.
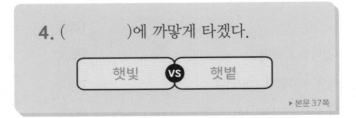
햇빛　VS　햇볕
▶ 본문 37쪽

5. (　　　) 10등이나 올랐다.
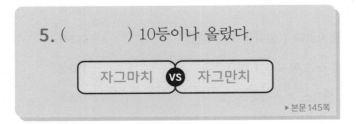
자그마치　VS　자그만치
▶ 본문 145쪽

6. 원대한 꿈을 (　　　) 있어요.
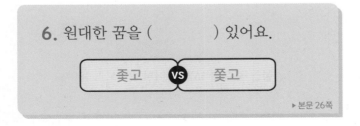
좇고　VS　쫓고
▶ 본문 26쪽

7. 라면이 (　　　) 전에 먹어라.
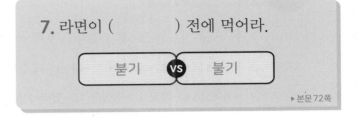
붇기　VS　불기
▶ 본문 72쪽

8. (　　　) 생각해 보고 결정해.
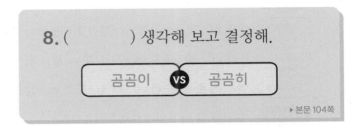
곰곰이　VS　곰곰히
▶ 본문 104쪽

9. 친구에게 음성 (　　　)를 남겼다.
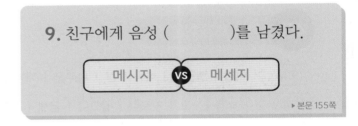
메시지　VS　메세지
▶ 본문 155쪽

10. 열 문제 중에 아홉 문제를 (　　　).
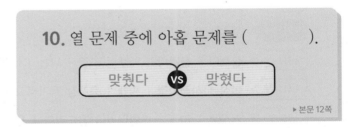
맞췄다　VS　맞혔다
▶ 본문 12쪽

11. 너에게 친구(　　　) 충고하는 거야.
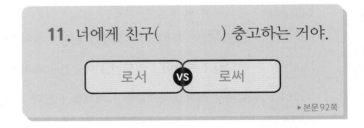
로서　VS　로써
▶ 본문 92쪽

12. 치아의 (　　　)는 사람에 따라 달라.
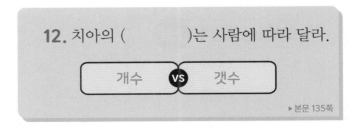
개수　VS　갯수
▶ 본문 135쪽

★ 밑줄 친 말이 맞춤법에 맞으면 ○표, 틀리면 ×표!

13. 방문을 꼭 <u>잠갔다</u>.
▸ 본문 125쪽

14. 조명이 주인공을 <u>비추다</u>.
▸ 본문 30쪽

15. 나는 <u>출석율</u>이 좋지 않아.
▸ 본문 108쪽

16. 영어 문장을 <u>통채</u>로 외웠다.
▸ 본문 130쪽

17. 옷에 고기 냄새가 흠뻑 <u>베다</u>.
▸ 본문 44쪽

18. 멸치를 간장에 <u>조리면</u> 맛있지.
▸ 본문 65쪽

19. 늦었으니까 오늘은 먼저 <u>갈께</u>.
▸ 본문 124쪽

20. 오늘은 서쪽 해상에 <u>구름양</u>이 많겠습니다.
▸ 본문 106쪽

바로 체크

16 ×	17 ×	18 ○	19 ×	20 ○
11 들쭉날쭉	12 개수	13 콧등	14 ○	15 ×
6 졸고	7 꿰기	8 문문이	9 메시지	10 웃었다
1 해님	2 삼가시오	3 띠다	4 해쑥	5 자그마치

☆ 총 20문제 중에서 맞힌 개수: _____ 개

📝 나의 맞춤법 솔루션!

20개 만점 /20개

> 오~ 훌륭해! <
맞춤법 고수 등극!
나머지도
완벽하게 정복해 보자!

16~19개 /20개

> 제법이군! <
맞춤법 고수 도전!
어떤 유형을 틀렸는지
꼼꼼하게 살펴보자!

10~15개 /20개

> 괜찮아! <
맞춤법 공부는 이제 시작이다.
하나씩 차근차근
정복해 보자!

5~9개 /20개

> 그럴 수 있어! <
그래서 이 책으로
공부하는 거잖아?
자, 시작해 보자!

이제 그만 틀리자! 출발!

1장

소리도 다르고 뜻도 다른데
헷갈리는 말

가르치다 vs **가리키다**

난 수학을 잘 모르는데 우리 선생님은
수학을 참 잘 (가르쳐 | 가리켜) 주신다.

'가르치다'와 '가리키다'를 얼핏 들으면 헷갈릴 수 있어요.

이번 장에서는 소리도 다르고 뜻도 다른데

헷갈리는 말을 배웁니다.

둘 중 무엇을 써야 할지 헷갈린다면

기적쌤과 함께 재미있게 공부해 보세요.

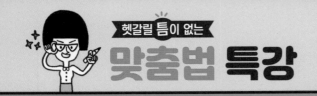

헷갈릴 틈이 없는
맞춤법 특강

헷갈림 지수 ☺☺☺☺☺

맞추다	VS	맞히다
알맞은 자리에 붙이다.		문제에 대한 답을 옳게 대다. '맞다'에서 온 말.

활용 맞추어(맞춰) / 맞추지 / 맞췄다	활용 맞히어(맞혀) / 맞히지 / 맞혔다
• 부품을 **맞추다.** → 붙이다 • 떨어진 조각을 잘 **맞춰** 봐. → 붙여	• 정답을 **맞히다.** → 옳게 대다 • 열 문제 중 아홉 문제를 **맞혔다.** → 답을 옳게 대었다

암기b법

퍼즐 **맞추기** '**맞추다**'	히히히~ 정답입니다. '**맞히다**'

TIP 맞추다: 둘 이상의 대상을 같이 놓고 비교하여 살피다.
예 친구와 답을 <u>맞추어</u> 보았다.

TIP 맞히다: 목표 지점에 맞게 하다.
예 화살을 과녁 중앙에 <u>맞혔다</u>.

바로체크

1 맞춤법에 맞게 낱말을 구분해서 쓰세요.

(1) | 붙이면. | ▶ 창문을 창틀에 [| 면] 돼.

(2) | 답을 옳게 대면. | ▶ 답을 [| 면] 상품을 드립니다.

2 맞춤법에 맞는 낱말을 고르세요.

(1) 개념을 알아야만 [맞출 ┤ 맞힐] 수 있는 문제다.

TIP
(2) 여행을 가기 위해 친구와 일정을 [맞춰 ┤ 맞혀] 보았다.

TIP
(3) 눈싸움을 하다가 눈덩이로 친구의 등을 [맞췄다 ┤ 맞혔다].

(4) 부품을 바닥에 늘어놓고 하나씩 [맞추기 ┤ 맞히기] 시작했다.

헷갈림 지수 ☺☺☺☺☺

가르치다	**VS**	가리키다

지식이나 기술 등을 익히게 하다.

손가락 등으로 방향이나 대상을 알리다.

[활용] 가르치어(가르쳐) / 가르치지 / 가르쳤다

[활용] 가리키어(가리켜) / 가리키지 / 가리켰다

• 아빠가 엄마에게 운전을 **가르치다**.
→ 익히게 하다

• 동생에게 영어를 **가르치고** 있어요.
→ 익히게 하고

• 손가락으로 북쪽을 **가리키다**.
→ 방향을 알리다

• 모두들 그 아이를 **가리켰다**.
→ 대상을 알렸다

암기b법

모르는 것은 선생님이 티**치**(teach)!
'**가르치다**'

이리저리 방향**키**를 돌리다!
'**가리키다**'

TIP 가르치다: 모르는 사실을 알려 주다.
[예] 길을 가르쳐 주다.

TIP 가리키다: 시계나 온도계의 바늘이 시각이나 온도 등을 알려
주다. [예] 시계가 열 시를 가리키다.

바로체크

1 맞춤법에 맞게 낱말을 구분해서 쓰세요.

(1) 방향을 알리며. ▸ 짝이 앞문 쪽을 [　｜　｜　｜ 며] 말했다.

(2) 익히게 하며. ▸ 고향에서 아이들을 [　｜　｜　｜ 며] 살았다.

2 맞춤법에 맞는 낱말을 고르세요.

TIP
(1) 왜 화가 났는지 [가르쳐 ┤ 가리켜] 줘.

(2) 아빠는 중학교에서 수학을 [가르치신다 ┤ 가리키신다].

(3) 정우는 손짓으로 오른쪽을 [가르쳤습니다 ┤ 가리켰습니다].

(4) 손가락으로 [가르치지 ┤ 가리키지] 말고 일어나서 직접 가져오렴.

잃다	VS	잊다
물건, 자리 등이 없어져 갖지 않게 되다.		기억해 내거나 미처 생각해 내지 못하다.

활용 잃고 / 잃어 / 잃지 / 잃었다

활용 잊고 / 잊어 / 잊지 / 잊었다

- 연필을 **잃다**.
  → 물건을 갖지 않게 되다
- 한순간에 직장을 **잃었다**.
  → 자리를 갖지 않게 되었다

- 약속을 **잊다**.
  → 생각해 내지 못하다
- 수학 공식을 **잊었어**.
  → 기억해 내지 못했어

암기b법

없어져 무엇을 갖지 못할 때
'**잃다**'

정신, 기억이 사라졌을 때
'**잊다**'

TIP 잃다: 같이 있던 사람을 놓쳐서 헤어지게 되다.
예 시장에서 딸을 잃다.

TIP 잊다: 어려움이나 고통 등을 마음에 두지 않다.
예 실패를 잊다.

바로체크

1 맞춤법에 맞게 낱말을 구분해서 쓰세요.

(1) 갖지 않게 되었다. ▸ 화재로 가진 재산을 모두 [　|　| 었 | 다].

(2) 기억해 내지 못했다. ▸ 어제 외운 영어 단어를 모두 [　|　| 었 | 다].

2 맞춤법에 맞는 낱말을 고르세요.

(1) 어제 [잃은 ┤ 잊은] 우산을 드디어 찾았다!

TIP
(2) 슬픔을 [잃으려고 ┤ 잊으려고] 노력 중이에요.

(3) 차에 타면 안전벨트를 매는 것, [잃지 ┤ 잊지] 마!

(4) 아무리 뒤져도 없어. 주머니 안에 있던 교통 카드를 [잃어버렸나 ┤ 잊어버렸나] 봐.

암기b법을
소리 내어 읽어 보렴!

바라다	VS	바래다

일이 이루어지거나
무엇을 가지고 싶다고 생각하다.

볕이나 습기 때문에 색이 변하다.

[활용] 바라고 / 바라니 / 바랐다

[활용] 바래고 / 바래니 / 바랬다

- 성공을 **바라다**.
  → 이루어지면 좋겠다고 생각하다
- 돈을 **바라고** 도와준 게 아니야.
  → 가지고 싶다고 생각하고

- 색이 **바래다**.
  → 변하다
- 하얗던 셔츠가 누렇게 **바랬다**.
  → 색이 변했다

ㅎ 암기b법

소망과 관계된 것은 '**바라다**'

색의 변화와 관계된 것은 '**바래다**'

↳ **TIP** '~하길 바래.'는 틀린 말이야. '~하길 바라.'라고 써야 해.
  [예] 네가 행복하길 바라.

바로체크

1 맞춤법에 맞게 낱말을 구분해서 쓰세요.

(1) | 색이 변했다. | ▶ 벽지가 누렇게 [ㅤ|ㅤ] 다 .

(2) | 이루어지면 좋겠다고 생각했다. | ▶ 시험에 합격하기를 [ㅤ|ㅤ] 다 .

2 맞춤법에 맞는 낱말을 고르세요.

(1) 옷의 색이 너무 [바라서 ┤ 바래서] 버렸다.

(2) 용돈이 오르기를 간절히 [바랐다 ┤ 바랬다] .

(3) 아빠의 젊은 시절 사진이 오래되어 색이 [바랐다 ┤ 바랬다] .

(4) 새해에는 [바라는 ┤ 바래는] 모든 일들이 이루어지기를 빌겠습니다.

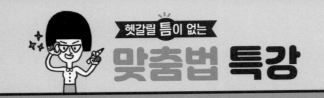

두껍다	VS	두텁다
두께가 보통의 정도보다 크다.		믿음, 관계, 정 등이 굳고 깊다.

[활용] 두꺼워 / 두껍고 / 두껍지 / 두꺼웠다

[활용] 두터워 / 두텁고 / 두텁지 / 두터웠다

- 봉투가 **두껍다.**
  → 두께가 크다
- 추우니까 **두꺼운** 옷을 입어라.
  → 두께가 큰

- 신앙이 **두텁다.**
  → 굳고 깊다
- 두 나라는 **두터운** 관계를 맺었다.
  → 굳고 깊은

암기b법

파인애플 **껍**질은 두께가 **두껍**다.

마음을 **터**놓는 우리 관계는 **두텁**다.

1 맞춤법에 맞게 낱말을 구분해서 쓰세요.

(1) 정이 굳고 깊은. ▶ 우리는 [　　｜　　] 운 우정을 자랑한다.

(2) 두께가 큰. ▶ 산에 갈 때는 [　　｜　　] 운 양말을 신는 것이 좋다.

2 맞춤법에 맞는 낱말을 고르세요.

(1) 형제의 우애가 [두꺼워]─[두터워] 보기 좋아요.

(2) 이 건물은 벽이 [두껍고]─[두텁고] 천장도 높아.

(3) [두꺼운]─[두터운] 정을 쌓았다고 생각했는데…….

(4) [두꺼운]─[두터운] 이불을 덮으니까 너무 따뜻해요.

헷갈림 지수 ☺☺☺☺☺

부수다	VS	부시다

물건을 깨뜨리거나 망가뜨리다.

물로 깨끗이 씻다.

활용 부수고 / 부수어(부숴) / 부쉈다

활용 부시고 / 부시어(부셔) / 부셨다

• 유리창을 **부수다**.
  → 깨뜨리다

• 건물을 **부수고** 새로 짓는다.
  → 망가뜨리고

• 가마솥을 **부시다**.
  → 깨끗이 씻다

• 밥그릇을 **부셔** 놓아라.
  → 깨끗이 씻어

암기b법

돌을 망치로 **수**차례 **부수다**.

접**시**를 **시**원한 물로 **부시다**.

→ **TIP** 부시다: 빛이 강하여 똑바로 보기 어렵다.
예 눈이 부시다.

바로체크

1 맞춤법에 맞게 낱말을 구분해서 쓰세요.

(1) 깨뜨리고. ▶ 벽돌을 [| | 고] 있다.

(2) 깨끗이 씻고. ▶ 물컵을 [| | 고] 있다.

2 맞춤법에 맞는 낱말을 고르세요.

(1) 망치로 자물쇠를 [부셨다 ┤ 부쉈다].

(2) 음료수 안에 있던 얼음을 [부셔 ┤ 부숴] 먹었다.

(3) 싱크대에 쌓여 있는 그릇들을 물로 [부수라고요 ┤ 부시라고요] ?

TIP
(4) 하얀 드레스를 입은 신부의 모습이 눈이 [부술 ┤ 부실] 정도로 예쁘다.

찢다	VS	찧다

잡아당겨 갈라지게 하다.

절구에 넣고 공이로 내려치다.
└▶ 절구 등에 든 것을 내리치는 기구

활용 찢어 / 찢고 / 찢는 / 찢었다

활용 찧어 / 찧고 / 찧는 / 찧었다

• 책을 **찢다**.
　　→ 갈라지게 하다

• 쌀을 **찧다**.
　　→ 내려치다

• 선물 포장지를 **찢었다**.
　　　→ 갈라지게 했다

• 방아로 곡식을 **찧었다**.
　　　→ 내려쳤다

암기b법

종이를 **찢**어!
'**찢다**'

절구에 **호**두를 넣고 **찧**어!
'**찧다**'

└▶ TIP 찢다: 마음을 몹시 아프게 하다.
예 가슴을 찢다.

└▶ TIP 찧다: 무거운 물건을 들어서 아래에 있는 물체를 내리치다.
예 망치질을 하다가 손을 찧었다.

바로체크

1 맞춤법에 맞게 낱말을 구분해서 쓰세요.

(1) 내리쳤다. ▶ 고춧가루를 만들려고 고추를 | | 었 | 다 |.

(2) 갈라지게 했다. ▶ 메모할 종이를 찾다가 공책을 | | 었 | 다 |.

2 맞춤법에 맞는 낱말을 고르세요.

(1) 절구에 찹쌀을 넣고 [**찢었다** ┤ **찧었다**].

TIP
(2) 떨어지는 그릇에 발등을 [**찢었다** ┤ **찧었다**].

(3) 색종이를 [**찢어서** ┤ **찧어서**] 스케치북에 붙였다.

TIP
(4) 왜 이렇게 말썽을 부려서 엄마 마음을 [**찢어** ┤ **찧어**] 놓니?

받침을
주의 깊게 살펴보렴.

젖히다	VS	제치다

뒤로 기울게 하다. '젖다'에서 온 말.	방해가 되지 않게 처리하다.

활용 젖히고 / 젖히어(젖혀) / 젖히니 / 젖혔다   **활용** 제치고 / 제치어(제쳐) / 제치니 / 제쳤다

• 의자를 뒤로 **젖히다**.
→ 기울게 하다

• 고개를 **젖히고** 머리를 감았다.
→ 뒤로 기울게 하고

• 골키퍼를 **제치다**.
→ 처리하다

• 앞서 달리던 선수를 가볍게 **제쳤다**.
→ 처리했다

 암기b법

의자를 천천**히** 뒤로 기울일 땐
'**젖히다**'

골**치** 아픈 상대를 처리할 땐
'**제치다**'

➤ **TIP** 제치다: 대상이나 범위에서 빼다.
예 쓸데없는 이야기는 제쳐 놓자.

✔ **바로체크**

1 맞춤법에 맞게 낱말을 구분해서 쓰세요.

(1) | 처리하고. | ➤ 수비수를 [　　　|　　　| 고] 골을 넣었다.

(2) | 뒤로 기울게 하고. | ➤ 몸을 뒤로 [　　　|　　　| 고] 기지개를 폈다.

2 맞춤법에 맞는 낱말을 고르세요.

(1) 나뭇가지를 뒤로 [젖혔다 ┤ 제쳤다].

TIP
(2) 나를 [젖혀 ┤ 제쳐] 두고 라면을 먹으러 간다고?

(3) 앞에 서 있는 사람을 [젖히고 ┤ 제치고] 슛을 쏘았다.

(4) 고속버스에 타자마자 좌석을 뒤로 조금 [젖혔다 ┤ 제쳤다].

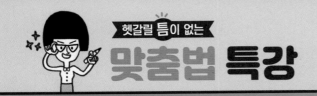

바치다	VS	받치다

무엇을 드리거나 아낌없이 내놓다.	밑이나 옆 등에 다른 물건을 대다.

활용 바치고 / 바치는 / 바치어(바쳐) / 바쳤다 | **활용** 받치고 / 받치는 / 받치어(받쳐) / 받쳤다

- 왕에게 선물을 **바치다**.
  → 드리다
- 우주 연구에 평생을 **바쳤다**.
  → 아낌없이 내놓았다

- 베개를 **받치다**.
  → 밑에 대다
- 주스를 쟁반에 **받쳐** 들었다.
  → 밑에 대어

암기b법

바치고 나면 나에게는 없잖아?
받침 ㄷ도 없어! '**바치다**'

다른 물건을 **댄**다고?
받침 ㄷ도 대자! '**받치다**'

TIP '바치다'와 발음이 같은 '받히다'는 '세게 부딪히다.'라는 뜻이야.
예 차에 받히다.

 바로체크

1 맞춤법에 맞게 낱말을 구분해서 쓰세요.

(1) 다른 물건을 대고. ▶ 밑에 종이를 [| |고] 색칠해.

(2) 드리고. ▶ 어머니께 이 노래를 [| |고] 싶습니다.

2 맞춤법에 맞는 낱말을 고르세요.

(1) 컵을 손에 [바쳐 | 받쳐] 들었다.

(2) 신께 어린 양을 제물로 [바쳤다 | 받쳤다].

(3) 책받침을 [바치고 | 받치고] 글씨를 씁니다.

(4) 어머니는 가족을 위해 자신의 모든 시간을 [바쳤다 | 받쳤다].

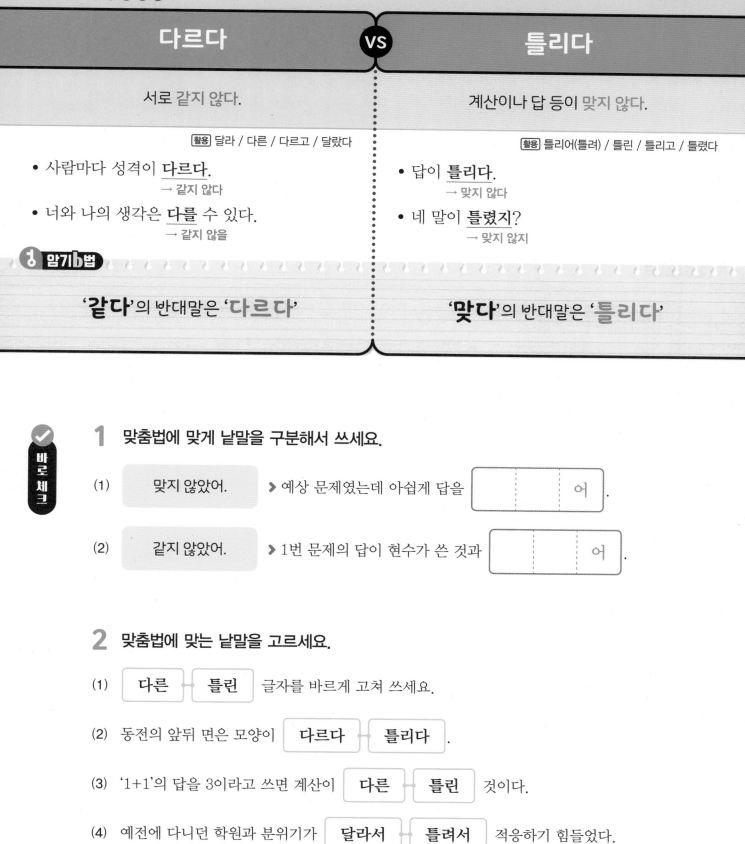

헷갈림 지수 ☺☺☺☺☺

다르다 VS 틀리다

서로 같지 않다. | 계산이나 답 등이 맞지 않다.

활용 달라 / 다른 / 다르고 / 달랐다

- 사람마다 성격이 **다르다**.
  → 같지 않다
- 너와 나의 생각은 **다를** 수 있다.
  → 같지 않을

활용 틀리어(틀려) / 틀린 / 틀리고 / 틀렸다

- 답이 **틀리다**.
  → 맞지 않다
- 네 말이 **틀렸지**?
  → 맞지 않지

암기b법

'**같다**'의 반대말은 '**다르다**' | '**맞다**'의 반대말은 '**틀리다**'

1 맞춤법에 맞게 낱말을 구분해서 쓰세요.

(1) 맞지 않았어. ▶ 예상 문제였는데 아쉽게 답을 ☐☐어.

(2) 같지 않았어. ▶ 1번 문제의 답이 현수가 쓴 것과 ☐☐어.

2 맞춤법에 맞는 낱말을 고르세요.

(1) 다른 ┤ 틀린 글자를 바르게 고쳐 쓰세요.

(2) 동전의 앞뒤 면은 모양이 다르다 ┤ 틀리다.

(3) '1+1'의 답을 3이라고 쓰면 계산이 다른 ┤ 틀린 것이다.

(4) 예전에 다니던 학원과 분위기가 달라서 ┤ 틀려서 적응하기 힘들었다.

작다	VS	적다
길이, 넓이, 부피 등이 보통보다 덜하다.		수나 양, 정도가 기준에 못 미치다.

활용 작아 / 작으니 / 작고 / 작았다

활용 적어 / 적으니 / 적고 / 적었다

- 키가 **작다**.
  → 길이가 덜하다
- 구멍이 너무 **작아**.
  → 넓이가 덜해

- 밥의 양이 **적다**.
  → 기준에 못 미치다
- 모인 사람이 너무 **적었다**.
  → 수가 기준에 못 미쳤다

암기b법

'**크다**'의 반대말은 '**작다**'

'**많다**'의 반대말은 '**적다**'

TIP 작다: 정해진 크기에 모자라서 맞지 않다.
예 신발이 너무 작아.

바로체크

1 맞춤법에 맞게 낱말을 구분해서 쓰세요.

(1) 길이가 보통보다 덜한데. ▶ 발은 [은 | 데] 손은 크네.

(2) 수가 기준에 못 미치는데. ▶ 말수는 [은 | 데] 친구는 많네.

2 맞춤법에 맞는 낱말을 고르세요.

(1) 깨알처럼 [작은 ─ 적은] 글씨도 잘 보여요.

(2) 용돈이 [작아서 ─ 적어서] 아껴 써야 해요.

TIP
(3) 옷이 [작아서 ─ 적어서] 동생에게 물려주었다.

(4) [작은 ─ 적은] 공이 큰 공보다 개수가 [작아요 ─ 적어요].

소리 내어 읽어 보렴!
살짝 헷갈리다가도
딱, 감이 잡힐 거야.

닫다	VS	닿다
열린 것을 원래 자리로 가게 하여 막다.		다른 것에 가까이 가서 붙게 되다.

활용 닫아 / 닫고 / 닫지 / 닫았다

활용 닿아 / 닿고 / 닿지 / 닿았다

- 문을 **닫다**.
  → 막다
- 서랍을 **닫아** 주세요.
  → 막아

- 손이 물에 **닿다**.
  → 붙게 되다
- 뜨거운 냄비에 손등이 **닿았다**.
  → 붙게 되었다

암기b법

'**열다**'의 반대말은 '**닫다**'

'**떨어지다**'의 반대말은 '**닿다**'

TIP 닫다: 영업을 마치거나 운영하지 않다.
예 이 식당은 아홉 시에 <u>닫아요</u>. / 학원이 문을 <u>닫았다</u>.

TIP 닿다: 어떠한 곳에 이르다.
예 버스 정류장에 <u>닿다</u>.

바로체크

1 맞춤법에 맞게 낱말을 구분해서 쓰세요.

(1) | 붙게 되었어. | ▶ 발이 땅에 | | 았 | 어 |.

(2) | 열린 것을 막았어. | ▶ 음료수 뚜껑을 | | 았 | 어 |.

2 맞춤법에 맞는 낱말을 고르세요.

(1) 추우면 창문을 [닫을까]–[닿을까] ?

TIP
(2) 한참을 항해한 끝에 신대륙에 [닫았다]–[닿았다].

TIP
(3) 은행 문을 [닫아서]–[닿아서] 동전을 바꾸지 못했어.

(4) 천이 부드러워서 피부에 [닫는]–[닿는] 느낌이 좋아요.

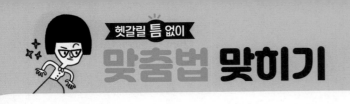
1 맞춤법에 맞으면 ○표, 틀리면 ×표 하기

❶ 조명 때문에 눈이 부셔요. ☐

❷ 가슴이 찢어지게 아프네요. ☐

❸ 우리 형제는 우애가 두껍다. ☐

❹ 몸을 뒤로 제쳐 보시겠어요? ☐

❺ 음료수병의 마개를 닿아야지. ☐

❻ 문을 부수고 사람들을 구했다. ☐

❼ 수수께끼를 낼 테니까 맞춰 봐. ☐

❽ 지우개를 잃어서 한참을 찾았다. ☐

❾ 자동차에 받혀서 사람이 다쳤다. ☐

❿ 나침반이 가리키는 쪽으로 가면 돼. ☐

2 잘못 쓴 글자에 ×표 하고, 고쳐 쓰기

❶ 책 표지가 무척 | 두 | 텁 | 네 |!

　　　→ (　　　　　　)

❷ 아기의 손이 너무 | 적 | 어 | 요 |!

　　　→ (　　　　　　)

❸ 절구에 보리를 넣고 | 찢 | 었 | 다 |.

　　　→ (　　　　　　)

❹ 손으로 턱을 | 바 | 치 | 고 | 앉았다.

　　　→ (　　　　　　)

❺ 눈금이 백을 | 가 | 르 | 치 | 고 | 있다.

　　　→ (　　　　　　)

❻ 김치를 담았던 통을 물로 | 부 | 쉬 | 라 |.

　　　→ (　　　　　　)

❼ 소문과 | 틀 | 리 | 게 | 무척 부지런하구나!

　　　→ (　　　　　　)

❽ 벽지 색이 | 바 | 란 | 걸 보니 오래됐나 봐.

　　　→ (　　　　　　)

❾ 현관 비밀번호를 | 잃 | 으 | 면 | 어떻게 해?

　　　→ (　　　　　　)

❿ 이야기하는 사이에 목적지에 | 달 | 았 | 다 |.

　　　→ (　　　　　　)

3 틀린 낱말에 밑줄 긋고, 바르게 고쳐 쓰기

❶ 내 말을 잊지 않길 바래.

➜ (   )

❷ 노란색 이불은 작고 두터웠다.

➜ (   )

❸ 부품을 맞히는 방법을 가르쳐 줄게.

➜ (   )

❹ 의자를 뒤로 젖히다가 부시고 말았다.

➜ (   )

❺ 손에 닿는 느낌이 다른 옷과는 틀리네요.

➜ (   )

❻ 고개를 제치고 내가 가리키는 방향을 봐.

➜ (   )

❼ 두꺼운 책을 들고 가다가 놓쳐서 발등을 찧었어.

➜ (   )

❽ 앨범이 오래되어 색이 바라고 군데군데 찢어져 있었다.   ➜ (   )

❾ 장난을 치다가 주머니에 들어 있던 작은 열쇠고리를 잊었다.   ➜ (   )

❿ 대형 마트와 다르게 작은 가게들은 사정이 어려워 문을 닫고 있다.   ➜ (   )

4 알맞은 낱말을 골라 문장 완성하기

❶ 두껍다 ┤ 두텁다

> 아빠: 고기가 잘 안 익는 것 같아.
>
> 채희: 고기가 너무 _____
>
> _____

❷ 다르다 ┤ 틀리다

너는 아빠와 _____

_____

네, 안 닮았다는 말을 많이 들어요.

❸ 잊다 ┤ 잃다

좇다	VS	쫓다
목표, 꿈 등을 추구하다.		뒤를 급히 따라가다.

활용 좇고 / 좇는 / 좇았다

활용 쫓고 / 쫓는 / 쫓았다

• 돈을 **좇다**.
→ 추구하다

• 편리함을 **좇는** 사람들이 많다.
→ 추구하는

• 범인을 **쫓다**.
→ 급히 따라가다

• 사냥꾼은 토끼를 **쫓았다**.
→ 급히 따라갔다

암기b법

어떤 것을 이루려고 애쓸 땐
첫소리가 ㅈ인 '**좇다**'

만나거나 잡으려고 급히 따라갈 땐
첫소리가 ㅉ인 '**쫓다**'

⤷ **TIP** 좇다: 남의 말이나 뜻을 따르다.
예 아버지의 의견을 좇다.

⤷ **TIP** 쫓다: 떠나도록 몰아내다.
예 파리를 계속 쫓다.

바로체크

1 맞춤법에 맞게 낱말을 구분해서 쓰세요.

(1) 추구했다. ▶ 꿈을 | | 았 | 다 |.

(2) 뒤를 급히 따라갔다. ▶ 도망가는 적군을 | | 았 | 다 |.

2 맞춤법에 맞는 낱말을 고르세요.

(1) 행복을 [좇으며] [쫓으며] 살자!

TIP
(2) 모기를 [좇고] [쫓고] 있는 중이야!

TIP
(3) 선생님의 가르침을 [좇겠습니다] [쫓겠습니다].

(4) 경찰은 범인과 [좇고 좇기는] [쫓고 쫓기는] 추격전을 벌였다.

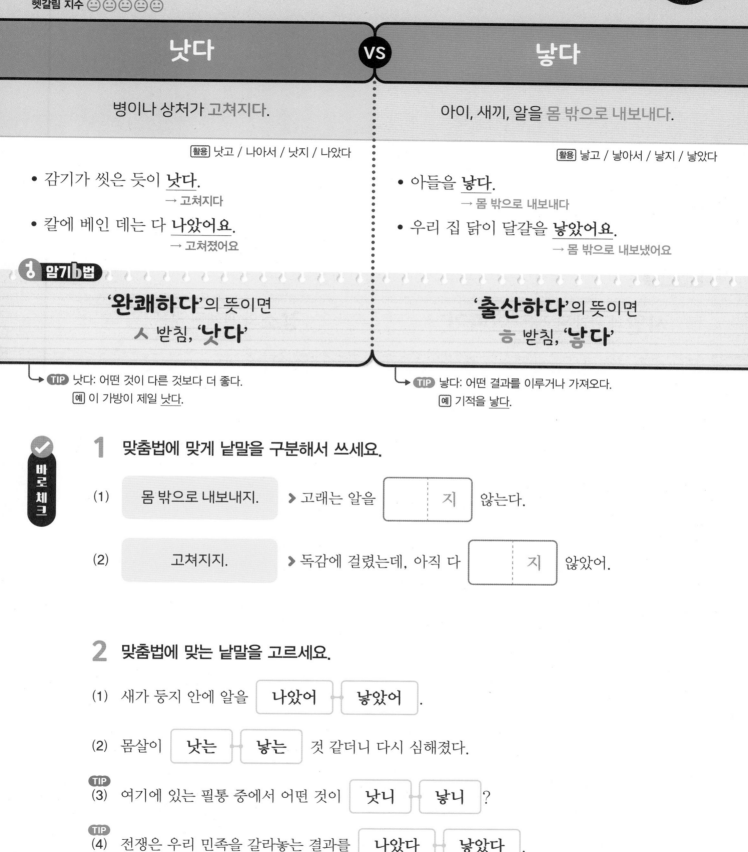

헷갈림 지수 ☺☺☺☺☺

낫다 VS 낳다

낫다	낳다
병이나 상처가 고쳐지다.	아이, 새끼, 알을 몸 밖으로 내보내다.

활용 낫고 / 나아서 / 낫지 / 나았다

활용 낳고 / 낳아서 / 낳지 / 낳았다

- 감기가 씻은 듯이 **낫다**.
  → 고쳐지다
- 칼에 베인 데는 다 **나았어요**.
  → 고쳐졌어요

- 아들을 **낳다**.
  → 몸 밖으로 내보내다
- 우리 집 닭이 달걀을 **낳았어요**.
  → 몸 밖으로 내보냈어요

암기b법

'**완쾌하다**'의 뜻이면
ㅅ 받침, '**낫다**'

'**출산하다**'의 뜻이면
ㅎ 받침, '**낳다**'

→ **TIP** 낫다: 어떤 것이 다른 것보다 더 좋다.
[예] 이 가방이 제일 낫다.

→ **TIP** 낳다: 어떤 결과를 이루거나 가져오다.
[예] 기적을 낳다.

바로 체크

1 맞춤법에 맞게 낱말을 구분해서 쓰세요.

(1) 몸 밖으로 내보내지. ▶ 고래는 알을 [| 지] 않는다.

(2) 고쳐지지. ▶ 독감에 걸렸는데, 아직 다 [| 지] 않았어.

2 맞춤법에 맞는 낱말을 고르세요.

(1) 새가 둥지 안에 알을 [**나았어** | **낳았어**].

(2) 몸살이 [**낫는** | **낳는**] 것 같더니 다시 심해졌다.

TIP
(3) 여기에 있는 필통 중에서 어떤 것이 [**낫니** | **낳니**]?

TIP
(4) 전쟁은 우리 민족을 갈라놓는 결과를 [**나았다** | **낳았다**].

이따가	VS	있다가 囝 있다

조금 뒤에.	어느 곳에서 머물다가.

· **이따가** 전화할게. → 조금 뒤에(시간) · **이따가** 같이 밥 먹으러 갈래? → 조금 뒤에(시간)	· 여기 잠깐 **있다가** 갈게. → 머물다가(장소) · 교실에 **있다가** 하고했다. → 머물다가(장소)

암기b법

시간과 관계된 것은 '**이따가**'	**장소**와 관계된 것은 '**있다가**'

바로체크

1 맞춤법에 맞게 낱말을 구분해서 쓰세요.

(1) 조금 뒤에. ▶ [　｜　｜　] 놀이터에서 만나.

(2) 머물다가. ▶ 골목에 [　｜　] 친구를 만났다.

2 맞춤법에 맞는 낱말을 고르세요.

(1) 방 청소는 [이따가 ┤ 있다가] 할게요.

(2) 커피가 뜨거우니 [이따가 ┤ 있다가] 드세요.

(3) 부산에 일 년 동안 [이따가 ┤ 있다가] 서울에 왔다.

(4) 집에 [이따가 ┤ 있다가] 심심해서 밖에 나가 놀았습니다.

암기b법을
소리 내어 읽어 보렴!

늘리다	VS	늘이다

넓이, 부피, 수나 양 등을
원래보다 크거나 많게 하다.

원래보다 더 길게 하다.

활용 늘리어(늘려) / 늘리니 / 늘리고 / 늘렸다

활용 늘이어(늘여) / 늘이니 / 늘이고 / 늘였다

• 집을 **늘리다**.
  → 넓이를 크게 하다

• 인원수를 **늘릴까**?
  → 많게 할까

• 고무줄을 **늘이다**.
  → 길게 하다

• 바짓단을 **늘였다**.
  → 길게 했다

 암기b법

넓이, 부피, 수**량** 등은 '**늘리다**'

길**이**는 '**늘이다**'

TIP 늘리다: 재주나 능력, 형편을 나아지게 하다.
예 솜씨를 늘리다. / 재산을 늘리다.

바로체크

1 맞춤법에 맞게 낱말을 구분해서 쓰세요.

(1) 많게 할까. ▶ 좌석 수를 좀 더 [   ] 까 ?

(2) 길게 할까. ▶ 바지 길이를 좀 더 [   ] 까 ?

2 맞춤법에 맞는 낱말을 고르세요.

(1) 치맛단을 [늘려 ─ 늘여] 주세요.

(2) 고무줄을 잡아당겨 길게 [늘렸다 ─ 늘였다].

TIP
(3) 실력을 [늘리는 ─ 늘이는] 방법은 연습뿐이야.

(4) 앞으로 일자리를 점차 [늘릴 ─ 늘일] 예정입니다.

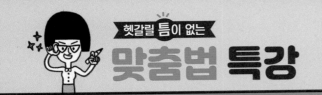

헷갈릴 틈이 없는
맞춤법 특강

헷갈림 지수 😐😐😐😐😐

비추다	VS	비치다

비추다
다른 것에 빛을 보내어 밝게 하다.

[활용] 비추고 / 비추지 / 비추었다(비췄다)

• 조명이 주인공을 **비추다**.
　　　　　　　→ 밝게 하다
• 손전등을 창고 안에 **비췄다**.
　　　　　　　→ 밝게 했다

비치다
빛이 나거나 빛을 받아 모양이 나타나다.

[활용] 비치고 / 비치지 / 비치었다(비쳤다)

• 해가 **비치다**.
　　　　→ 빛이 나다
• 강물에 얼굴이 **비쳤다**.
　　　　→ 모양이 나타났다

암기b법

다른 것을 밝게 만들어 **줄** 땐
ㅜ, '**비추다**'

빛**이** 나거나 모양**이** 나타날 땐
ㅣ, '**비치다**'

TIP 문장에 '을/를'이 나오면 '비추다', 문장에 '을/를'이 나오지 않으면 '비치다'라고 써야 해.

바로체크

1 맞춤법에 맞게 낱말을 구분해서 쓰세요.

(1) 빛이 나고. ＞ 은은한 달빛이 [　　　｜　　　] 고 　있다.

(2) 밝게 하고. ＞ 햇빛이 마당을 [　　　｜　　　] 고 　있다.

2 맞춤법에 맞는 낱말을 고르세요.

(1) 촛불을 가까이 [비추어 ⊢ 비치어] 주세요.

(2) 창가에 그림자가 살짝 [비추고 ⊢ 비치고] 있었다.

(3) 달빛이 아기의 얼굴을 환하게 [비추었다 ⊢ 비치었다].

(4) 캄캄한 밤하늘에 별빛이 밝게 [비추고 ⊢ 비치고] 있습니다.

헷갈림 지수 ☺☺☺☺☺

벌리다	VS	벌이다

벌리다
사이를 넓히거나 멀게 하다.

활용 벌리어(벌려) / 벌리고 / 벌렸다

• 틈을 **벌리다**.
  → 넓히거나 멀게 하다
• 입을 **벌리고** 있다간 벌레 들어간다.
  → 넓히거나 멀게 하고

벌이다
일을 시작하거나 펼치다.

활용 벌이어(벌여) / 벌이고 / 벌였다

• 잔치를 **벌이다**.
  → 시작하거나 펼치다
• 한바탕 소동을 **벌였다**.
  → 시작하거나 펼쳤다

암기b법

사이를 멀게 할 땐 '**벌리다**'

일을 시작할 땐 '**벌이다**'

TIP 벌리다: 오므라져 있는 것을 펴지거나 열리게 하다.
예 자루 좀 벌려 볼래?

TIP 벌이다: 전쟁이나 다툼 등을 하다.
예 전쟁을 벌이다.

바로체크

1 맞춤법에 맞게 낱말을 구분해서 쓰세요.

(1) | 일을 시작하거나 펼치고. | ▸ 에너지 절약 운동을 [| 고] 있어요.

(2) | 사이를 넓히거나 멀게 하고. | ▸ 지하철에서는 다리를 [| 고] 앉지 마세요.

2 맞춤법에 맞는 낱말을 고르세요.

(1) 간격을 [벌리고 | 벌이고] 서세요.

TIP
(2) 책을 넣게 가방을 [벌려 | 벌여] 봐.

(3) 주말에 생일잔치를 [벌릴 | 벌일] 예정이다.

TIP
(4) 층간 소음 문제로 이웃과 여러 번 말다툼을 [벌렸다 | 벌였다].

들르다	VS	들리다

		소리를 듣게 되다. '듣다'에서 온 말.
잠깐 머무르다.		

[활용] 들러 / 들르지 / 들렀다   **[활용]** 들리어(들려) / 들리지 / 들렸다

- 친구 집에 **들르다.**
  → 잠깐 머무르다
- 집에 가는 길에 마트에 **들르자.**
  → 잠깐 머무르자

- 노랫소리가 **들리다.**
  → 듣게 되다
- 아무 소리도 **들리지** 않았다.
  → 듣게 되지

암기b법

잠깐 머무**르**는 것은 '**들르다**'   소리를 듣는 것은 '**들리다**'

TIP 들리다: 아래에서 위로 올려지다.
예 바위가 무거워 <u>들리지</u> 않는다.

바로체크

1 맞춤법에 맞게 낱말을 구분해서 쓰세요.

(1) | 소리를 듣게 되지. | ▶ 수업 종소리가 [| | 지] 않았어.

(2) | 잠깐 머무르지. | ▶ 우리 집에 잠깐 [| | 지] 않을래?

2 맞춤법에 맞는 낱말을 고르세요.

(1) 고양이 소리가 [들렀어 — 들렸어] .

(2) 우체국에 [들러 — 들려] 소포를 부치고 왔어.

TIP
(3) 힘센 아빠 덕분에 무거운 상자가 쉽게 [들렀다 — 들렸다] .

(4) [들르는 — 들리는] 소문에 의하면 지현이가 너를 좋아한대.

소리 내어 읽어 보렴!
살짝 헷갈리다가도
딱, 감이 잡힐 거야.

섞다	VS	썩다
한데 합치다.		균 때문에 상하다.

활용 섞어 / 섞으니 / 섞었다

• 쌀과 현미를 **섞다**.
  → 합치다
• 카드를 **섞은** 뒤에 나누어 주었다.
  → 합친

활용 썩어 / 썩으니 / 썩었다

• 생선이 **썩다**.
  → 상하다
• 사과가 **썩어서** 먹을 수가 없네.
  → 상해서

암기b법

재료를 섞어[서**꺼**]

'**섞다**'

음식물이 썩어[써**거**]

'**썩다**'

TIP 섞다: 말이나 행동에 다른 말이나 행동을 함께 나타내다.
예 일본어를 섞어 가며 말했다.

TIP 썩다: 몸의 일부분이 못 쓰게 되다.
예 이가 썩었어.

바로 체크

1 맞춤법에 맞게 낱말을 구분해서 쓰세요.

(1) 상하면. ▶ 고기가 [으 | 면] 냄새가 고약하다.

(2) 합치면. ▶ 우유에 코코아 가루를 [으 | 면] 맛있다.

2 맞춤법에 맞는 낱말을 고르세요.

TIP
(1) 사랑니가 [섞어서 | 썩어서] 뺐어요.

(2) [섞은 | 썩은] 나무에서는 싹이 돋지 않는다.

(3) 빨강과 파랑을 [섞으면 | 썩으면] 보라가 되지요.

TIP
(4) 전학 온 아이는 말을 할 때마다 동작을 [섞어서 | 썩어서] 말했다.

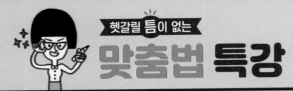

헷갈릴 틈이 없는 맞춤법 특강

헷갈림 지수 ☺☺☺☺☺

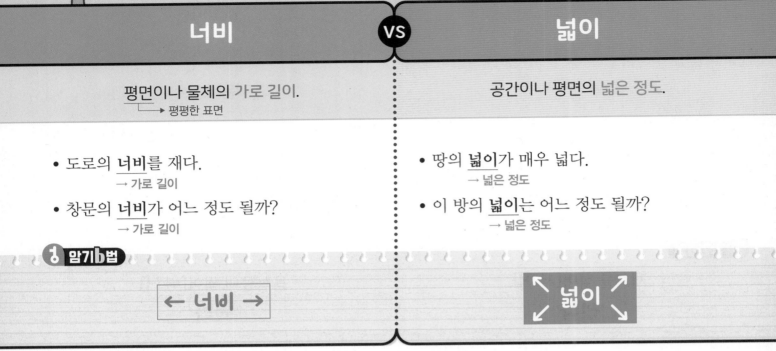

너비	VS	넓이
평면이나 물체의 가로 길이.		공간이나 평면의 넓은 정도.

└→ 평평한 표면

- 도로의 **너비**를 재다.
  → 가로 길이
- 창문의 **너비**가 어느 정도 될까?
  → 가로 길이

- 땅의 **넓이**가 매우 넓다.
  → 넓은 정도
- 이 방의 **넓이**는 어느 정도 될까?
  → 넓은 정도

암기b법

← 너비 →

↖↗ 넓이 ↙↘

 바로 체크

1 맞춤법에 맞게 낱말을 구분해서 쓰세요.

(1) | 가로 길이. | ▶ 창문 [   ]는 몇 센티미터예요?

(2) | 넓은 정도. | ▶ 부자는 만 평 [   ]의 땅을 샀다.

2 맞춤법에 맞는 낱말을 고르세요.

(1) 삼각형의 [너비 ⊢ 넓이]를 구하시오.

(2) 도랑의 [너비 ⊢ 넓이]는 3미터를 조금 넘는다.

(3) 도로의 [너비 ⊢ 넓이]가 좁아서 차가 지나가기 힘들 것 같다.

(4) 사각형의 [너비 ⊢ 넓이]를 구하려면 가로와 세로 길이를 알아야 한다.

헷갈림 지수 ☺☺☺☺☺

껍데기	VS	껍질

물체의 겉을 싸고 있는 단단한 것.	물체의 겉을 싸고 있는 단단하지 않은 것.

• 달걀 **껍데기**를 버려라.
　　→ 단단한 것
• 호두 **껁데기**를 까기가 힘들어요.
　　→ 단단한 것

• 바나나 **껍질**을 까다.
　　→ 단단하지 않은 것
• 양파 **껍질**을 우려 국물을 만들었다.
　　→ 단단하지 않은 것

암기b법

단단하면 '껍데기'

단단하지 않으면 '껍질'

┗ **TIP** 껍데기: 알맹이를 빼내고 겉에 남은 것.
　　예 베개 껍데기를 벗겼다.

┗ **TIP** 껍질: 동물의 가죽이나 사람의 피부.
　　예 햇볕에 살갗이 타서 껍질이 벗겨졌다.

바로체크

1 맞춤법에 맞게 낱말을 구분해서 쓰세요.

(1) ［ 단단하지 않은 것. ］ ▶ 사과는 ［　｜　］째 먹어도 됩니다.

(2) ［ 단단한 것. ］ ▶ 굴 ［　｜　］는 음식물 쓰레기가 아닙니다.

2 맞춤법에 맞는 낱말을 고르세요.

(1) 포도 ［ 껍데기 — 껍질 ］ 은/는 먹어도 돼.

(2) 소라 ［ 껍데기 — 껍질 ］ 에서 바닷소리가 들렸다.

TIP
(3) 손바닥 ［ 껍데기 — 껍질 ］ 이/가 벗겨져서 피가 나요.

TIP
(4) 안에 든 젤리는 다 먹고 ［ 껍데기 — 껍질 ］ 만 남았네.

출연	VS	출현
무대나 영화, 방송 등에 나옴.		나타남.

- 연극 **출연** 요청이 들어왔다.
  → 연극에 나오는 것
- 영화 보조 **출연**을 한 적이 있다.
  → 영화에 나오는 것

- 갑자기 경쟁자가 **출현**을 했다.
  → 나타남
- 멧돼지의 **출현**으로 시민들이 대피하고 있다.
  → 나타남

암기b법

영화나 공**연** 등에 나오는 것은
'**출연**'

없었거나 안 보이던 것이 나타나는 것은
'**출현**(現 나타날 **현**)'

1 맞춤법에 맞게 낱말을 구분해서 쓰세요.

(1) 방송에 나옴. ▶ 뉴스에 내 짝이 [　｜　] 을 했다.

(2) 나타남. ▶ 유에프오가 [　｜　] 을 했다는 이야기를 들었다.

2 맞춤법에 맞는 낱말을 고르세요.

(1) 드라마에 [출연 ─ 출현] 을 하기로 결심했다.

(2) 갑자기 적군이 [출연 ─ 출현] 을 해서 깜짝 놀랐다.

(3) 액션 영화에 [출연 ─ 출현] 을 하는 것이 제 꿈이에요.

(4) 전문가들은 새로운 바이러스의 [출연 ─ 출현] 가능성이 있다고 밝혔다.

암기b법을
소리 내어 읽어 보렴!

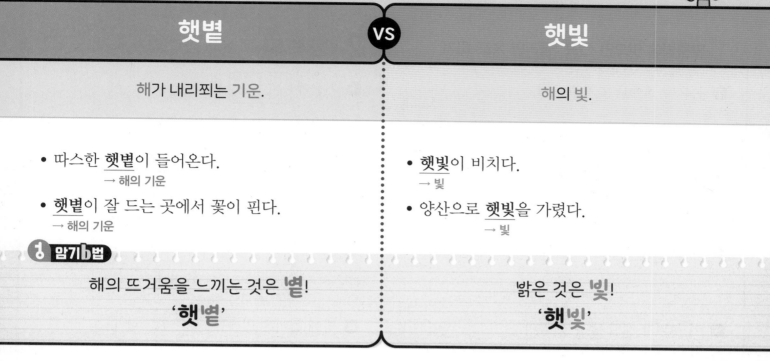

햇볕	VS	햇빛
해가 내리쬐는 기운.		해의 빛.

• 따스한 **햇볕**이 들어온다.
　　　→ 해의 기운

• **햇볕**이 잘 드는 곳에서 꽃이 핀다.
　→ 해의 기운

• **햇빛**이 비치다.
　　→ 빛

• 양산으로 **햇빛**을 가렸다.
　　　　→ 빛

암기b법

해의 뜨거움을 느끼는 것은 **볕**!
'햇볕'

밝은 것은 **빛**!
'햇빛'

바로
체크

1 맞춤법에 맞게 낱말을 구분해서 쓰세요.

(1) 　해의 빛.　　▶ 　　　　　에 눈이 부시다.

(2) 　해가 내리쬐는 기운.　▶ 　　　　　에 까맣게 타겠다.

2 맞춤법에 맞는 낱말을 고르세요.

(1) 젖은 빨래를 　햇볕 ｜ 햇빛 　에 말렸다.

(2) 　햇볕 ｜ 햇빛 　이 뜨거우니 그늘에 앉자.

(3) 이슬방울이 　햇볕 ｜ 햇빛 　에 반사되어 반짝였다.

(4) 아침마다 거실에 　햇볕 ｜ 햇빛 　이 들어 무척 환하다.

1 맞춤법에 맞으면 ○표, 틀리면 ✕표 하기

❶ 돈보다 명예를 <u>쫓기</u>로 했다. ☐

❷ 우유와 계란을 <u>섞어</u> 주세요. ☐

❸ 오렌지 <u>껍데기</u>를 까 주세요. ☐

❹ 이 무늬가 제일 <u>낳은</u> 것 같아. ☐

❺ <u>햇볕</u>이 너무 뜨겁게 느껴진다. ☐

❻ 주머니를 <u>벌여</u> 사탕을 넣었다. ☐

❼ 핸드폰 벨 소리가 <u>들리지</u> 않니? ☐

❽ 강의 <u>넓이</u>는 이십 미터쯤 됩니다. ☐

❾ 횃불을 <u>비추어</u> 동굴 안을 살펴봤다. ☐

❿ 아침에 우리 집 염소가 새끼를 <u>나았어요</u>. ☐

2 잘못 쓴 글자에 ✕표 하고, 고쳐 쓰기

❶ 거울에 | 비 | 춘 | 내 모습.

    ➜ (   )

❷ 소매 길이를 | 늘 | 려 | 입어.

    ➜ (   )

❸ 어떤 색의 옷이 제일 | 낳 | 니 |?

    ➜ (   )

❹ 방에 들어온 벌레를 | 좇 | 았 | 다 |.

    ➜ (   )

❺ 영화에 | 출 | 현 | 제의를 받았습니다.

    ➜ (   )

❻ 도서관에 | 이 | 따 | 가 | 학원에 갈게.

    ➜ (   )

❼ 입을 크게 | 벌 | 이 | 며 | 노래를 불렀다.

    ➜ (   )

❽ 학교 가기 전에 편의점에 | 들 | 리 | 자 |.

    ➜ (   )

❾ | 햇 | 볕 | 에 눈이 부셔서 선글라스를 꼈다.

    ➜ (   )

❿ | 섞 | 은 | 음식을 먹으면 배탈이 날 수 있어.

    ➜ (   )

3 틀린 낱말에 밑줄 긋고, 바르게 고쳐 쓰기

❶ 있다가 피시방에 들를까?

→ (   )

❷ 달걀 껍질을 햇볕에 말렸다.

→ (   )

❸ 마당의 넓이를 몇 평 늘일 예정이다.

→ (   )

❹ 조금 이따가 무슨 소리가 들를 거야.

→ (   )

❺ 두 팔을 벌여 서랍장의 너비를 재 보았다.

→ (   )

❻ 썩은 음식 위를 날아다니는 파리를 좇았다.

→ (   )

❼ 초등학생과 중학생을 섞어 환경 보호 운동을 벌렸다.

→ (   )

❽ 조명이 무대에 출연을 하는 사람을 비치고 있습니다.

→ (   )

❾ 아버지의 뜻을 좇아 아픈 사람을 낳게 하는 의사가 될게요.

→ (   )

❿ 이번에 출현을 하는 영화에서 범인을 쫓는 형사 역을 맡았습니다.

→ (   )

4 알맞은 낱말을 골라 문장 완성하기

❶ 좇다 ─ 쫓다

혜원: 이게 요즘 유행하는 치마래.

서진: 이미 샀지. 난 유행을 _____

_____

❷ 섞다 ─ 썩다

엄마, 배고파요.

밥에 여러 가지 반찬을 _____

_____

❸ 껍데기 ─ 껍질

부치다	VS	붙이다

우체국에 가서

택배를 (부치고 | 붙이고) 왔어요.

업다 vs 엎다

때다 vs 떼다

싸이다 vs 쌓이다

집다 vs 짚다

반드시 vs 반듯이

새다 vs 세다

맞다 vs 맡다

배다 vs 베다

~ vs 넘어

거치다 vs 걷히다

저리다 vs 절이다

다치다 vs 닫히다

'부치다'와 '붙이다'가 헷갈리는군요.

이번 장에서는 소리가 비슷하지만 뜻이 달라

구별해서 써야 하는 말을 배웁니다.

둘 중 무엇을 써야 할지 헷갈린다면

기적쌤과 함께 재미있게 공부해 보세요.

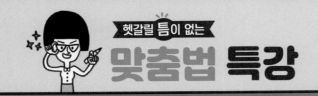

새다	VS	세다
기체, 액체, 빛, 소리 등이 빠져나가다.		사물의 수를 헤아리다.

[활용] 새고 / 새어(새) / 샜다

[활용] 세고 / 세어(세) / 셌다

• 바퀴에서 공기가 **새다**.
　　　　→ 빠져나가다

• 비닐봉지에서 물이 **샌다**.
　　　　→ 빠져나간다

• 연필의 개수를 **세다**.
　　　　→ 헤아리다

• **셀** 수 없이 많은 사람들이 있었다.
　　→ 헤아릴

암기b법

틈**새**로 물이 **새**! 바람도 **새**!

수를 **세어** 보니 사람도 **셋**! 강아지도 **셋**!

TIP 새다: 날이 밝아 오다.
　　[예] 밤이 <u>새도록</u> 이야기를 했다.

TIP 세다: 힘이 많다.
　　[예] 기운이 무척 <u>세구나</u>.

바로체크

1 맞춤법에 맞게 낱말을 구분해서 쓰세요.

(1) ▢ 빛이 빠져나가. ▸ 창문 틈으로 빛이 [　｜어] 나왔다.

(2) ▢ 수를 헤아려. ▸ 모임에 참석한 사람의 수를 [　｜어] 보아라.

2 맞춤법에 맞는 낱말을 고르세요.

(1) 남은 돈이 얼마인지 [샜다 ｜ 셌다].

(2) 지붕에서 비가 [새고 ｜ 세고] 있다.

TIP
(3) 전원 버튼을 [새게 ｜ 세게] 눌러 봐.

(4) 옆방으로 소리가 [새지 ｜ 세지] 않도록 조용히 말하자.

헷갈림 지수 ☺☺☺☺☺

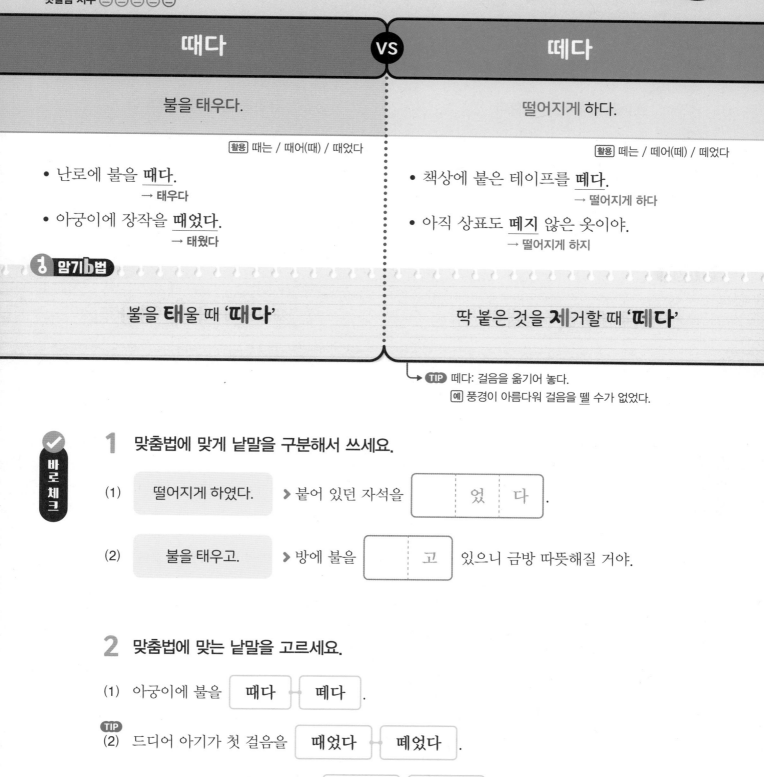

때다	VS	떼다

때다
불을 태우다.

활용 때는 / 때어(때) / 때었다

• 난로에 불을 **때다**.
　　　　→ 태우다
• 아궁이에 장작을 **때었다**.
　　　　→ 태웠다

떼다
떨어지게 하다.

활용 떼는 / 떼어(떼) / 떼었다

• 책상에 붙은 테이프를 **떼다**.
　　　　→ 떨어지게 하다
• 아직 상표도 **떼지** 않은 옷이야.
　　　　→ 떨어지게 하지

🦔 암기b법

불을 **태**울 때 '**때다**'

딱 붙은 것을 **제**거할 때 '**떼다**'

　　→ TIP 떼다: 걸음을 옮기어 놓다.
　　예 풍경이 아름다워 걸음을 뗄 수가 없었다.

✓ 바로체크

1 맞춤법에 맞게 낱말을 구분해서 쓰세요.

(1) 떨어지게 하였다. ▶ 붙어 있던 자석을 [　|었|다].

(2) 불을 태우고. ▶ 방에 불을 [　|고] 있으니 금방 따뜻해질 거야.

2 맞춤법에 맞는 낱말을 고르세요.

(1) 아궁이에 불을 [**때다** ─ **떼다**].

TIP
(2) 드디어 아기가 첫 걸음을 [**때었다** ─ **떼었다**].

(3) 도깨비가 혹부리 영감의 혹을 [**때었다** ─ **떼었다**].

(4) 벽에 붙어 있던 그림을 [**때어서** ─ **떼어서**] 다른 곳에 걸었다.

배다	VS	베다

스며들거나 스며 나오다.	무엇을 머리 아래에 두다.

활용 배고 / 배어(배) / 배었다

활용 베고 / 베어(베) / 베었다

- 옷에 땀이 **배다**.
  → 스며들다
- 얼굴에 장난기가 **배어** 있다.
  → 스며 나와

- 아빠의 팔베개를 **베다**.
  → 머리 아래에 두다
- 엄마 다리를 **베고** 누웠다.
  → 머리 아래에 두고

암기b법

배추김치 냄새가 **배다**.

체크무늬 **베**개를 **베다**.

→ TIP 배다: 버릇이 되어 익숙해지다.
예 친절이 몸에 배다.

→ TIP 베다: 무엇을 자르거나 몸에 상처를 내다.
예 풀을 베었다. / 종이에 손을 베었다.

✔ 바로체크

1 맞춤법에 맞게 낱말을 구분해서 쓰세요.

(1) 스며들었어. ▶ 겉옷에 고기 냄새가 [|었|어].

(2) 머리 아래에 두고. ▶ 할머니 무릎을 [|고] 누워서 하늘을 보았다.

2 맞춤법에 맞는 낱말을 고르세요.

TIP
(1) 낫으로 벼를 | 배었다 ┤ 베었다 |.

(2) 베개가 없어 가방을 | 배고 ┤ 베고 | 잤다.

(3) 소풍 갈 생각에 웃음이 | 배어 ┤ 베어 | 나온다.

TIP
(4) 엄마는 절약하는 습관이 몸에 | 배어 ┤ 베어 | 있다.

'ㅐ'냐 'ㅔ'냐
그것이 문제로다!

매다	VS	메다
끈이나 줄 등을 묶거나 몸에 두르다.		어깨에 올려놓다.

활용 매고 / 매어(매) / 매었다

- 신발 끈을 **매다**.
  → 묶다
- 허리에 벨트를 **매었다**.
  → 몸에 둘렀다

활용 메고 / 메어(메) / 메었다

- 책가방을 **메다**.
  → 어깨에 올려놓다
- 사냥꾼은 활을 **메고** 사냥을 나갔어.
  → 어깨에 올려놓고

암기b법

매듭을 **매**자! '**매다**'

가방을 **메**자! '**메다**'

→ TIP 메다: 감정이 북받쳐 목소리가 잘 나지 않다.
예 목이 메어 말이 안 나와.

바로체크

1 맞춤법에 맞게 낱말을 구분해서 쓰세요.

(1) 어깨에 올려놓고. ▶ 한 남자가 지게를 [　|고] 간다.

(2) 끈을 묶고. ▶ 구두끈을 단단히 [　|고] 모자도 썼다.

2 맞춤법에 맞는 낱말을 고르세요.

(1) 총을 [맨]-[멘] 군인들이 서 있다.

(2) 바위에 밧줄을 [매어야]-[메어야] 해.

(3) 오늘 선생님께서 예쁜 스카프를 [매고]-[메고] 오셨어.

TIP
(4) 좋은 소식을 들으니 목이 [매어]-[메어] 아무 말도 못 하겠어.

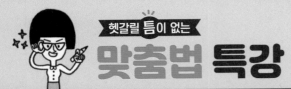

시키다	VS	식히다
무엇을 하게 하다.		더운 기운을 없애다. '식다'에서 온 말.

활용 시키는 / 시키어(시켜) / 시켰다   **활용** 식히는 / 식히어(식혀) / 식혔다

• 동생에게 심부름을 **시키다**.
        → 하게 하다
	• 끓인 물을 **식히다**.
	        → 더운 기운을 없애다

• 지각한 학생들에게 청소를 **시켰다**.
        → 하게 했다
	• 국물이 뜨거우니 **식혀서** 먹어라.
	        → 더운 기운을 없애서

암기b법

심부름은 그만 좀 **시켜**! '**시키다**'	뜨거운 **식**혜는 빨리 **식혀**! '**식히다**'

TIP 시키다: 음식이나 술, 음료 등을 주문하다.   **TIP** 식히다: 감정을 줄어들게 하다.
예 자장면을 시켰다.   예 화를 식히다.

1 맞춤법에 맞게 낱말을 구분해서 쓰세요.

(1) 더운 기운을 없애고. ➤ 더위 좀 [| 고] 갈까?

(2) 하게 하고. ➤ 아이에게 양치를 [| 고] 잠옷으로 갈아입혔다.

2 맞춤법에 맞는 낱말을 고르세요.

TIP
(1) 아이스크림도 [시킬까]─[식힐까] ?

(2) 동생에게 망을 보라고 [시켰다]─[식혔다].

(3) 뜨거운 물을 입으로 불어서 [시켰다]─[식혔다].

TIP
(4) 흥분을 좀 [시키는]─[식히는] 것이 좋을 것 같아.

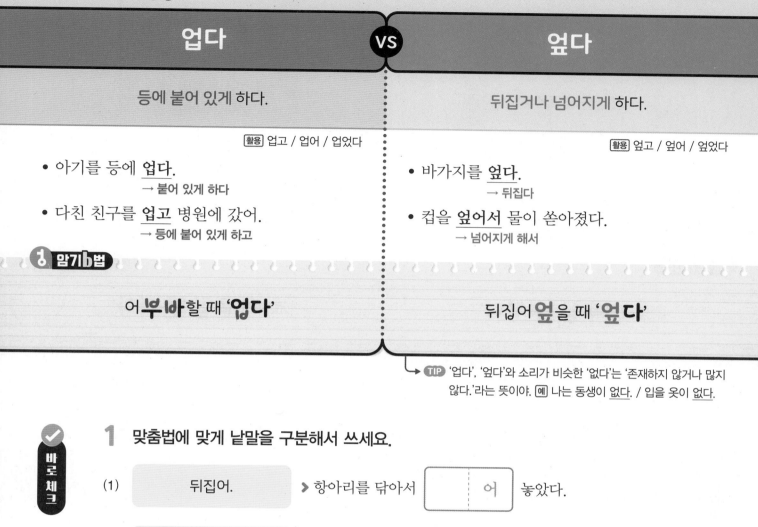

업다	VS	엎다
등에 붙어 있게 하다.		뒤집거나 넘어지게 하다.

[활용] 업고 / 업어 / 업었다

[활용] 엎고 / 엎어 / 엎었다

• 아기를 등에 **업다.**
→ 붙어 있게 하다

• 다친 친구를 **업고** 병원에 갔어.
→ 등에 붙어 있게 하고

• 바가지를 **엎다.**
→ 뒤집다

• 컵을 **엎어서** 물이 쏟아졌다.
→ 넘어지게 해서

🔑 암기b법

어**부바**할 때 '**업다**'

뒤집어 **엎**을 때 '**엎다**'

> TIP '업다', '엎다'와 소리가 비슷한 '없다'는 '존재하지 않거나 많지 않다.'라는 뜻이야. 예 나는 동생이 없다. / 입을 옷이 없다.

✔ 바로체크

1 맞춤법에 맞게 낱말을 구분해서 쓰세요.

(1) 뒤집어. ▸ 항아리를 닦아서 [　｜ 어] 놓았다.

(2) 등에 붙어 있게 하여. ▸ 어릴 때 이모가 자주 [　｜ 어] 주셨다.

2 맞춤법에 맞는 낱말을 고르세요.

(1) 우는 동생을 [업어서 ┤ 엎어서] 달랬다.

(2) 책을 잠시 [업어 ┤ 엎어] 두고 창밖을 보았다.

(3) 쟁반을 [업어서 ┤ 엎어서] 귤이 바닥으로 쏟아졌다.

(4) 아빠는 할아버지를 [업고 ┤ 엎고] 눈길을 걸어가셨다.

무치다 VS 묻히다

무치다	묻히다

양념을 넣고 섞다.

들러붙거나 흔적이 남게 하다.
'묻다'에서 온 말.

활용 무치고 / 무치어(무쳐) / 무쳤다

활용 묻히고 / 묻히어(묻혀) / 묻혔다

• 시금치를 **무치다**.
→ 양념을 넣고 섞다
• 엄마가 잡채를 **무쳐** 주셨다.
→ 양념을 넣고 섞어

• 물을 **묻히다**.
→ 흔적이 남게 하다
• 옷에 흙을 **묻히고** 왔네.
→ 들러붙게 하고

암기b법

콩나물 **무침**, '**무치다**'

코딱지 **묻힘**, '**묻히다**'

TIP 묻히다: 어디에 놓여 다른 물질로 덮여 가려지다.
예 땅속에 묻혀 있는 항아리에서 김치를 꺼냈다.

1 맞춤법에 맞게 낱말을 구분해서 쓰세요.

(1) 양념을 넣고 섞어서. ▶ 오이를 새콤달콤하게 [| 서] 먹자.

(2) 들러붙게 해서. ▶ 찹쌀에 고물을 [| 서] 인절미를 만들었다.

2 맞춤법에 맞는 낱말을 고르세요.

TIP
(1) 상자가 눈 속에 깊숙이 [무쳐 / 묻혀] 있다.

(2) 콩나물 [무친 / 묻힌] 거 한번 먹어 봐도 되나요?

(3) 핫도그에 설탕을 [무쳐서 / 묻혀서] 먹으면 맛있어.

(4) 얼굴에 케첩을 잔뜩 [무치면서 / 묻히면서] 먹고 있구나!

암기b법을
소리 내어 읽어 보렴!

반드시	VS	반듯이
틀림없이 꼭.		비뚤어지지 않고 반듯하게.

- **반드시** 돌아올게.
  → 꼭
- 약속을 **반드시** 지킬게.
  → 꼭

- 의자에 **반듯이** 앉아.
  → 반듯하게
- 줄을 **반듯이** 세우다.
  → 반듯하게

암기b법

영화 볼 때 핸**드**폰은
반드시 꼭 무음 모**드**

책을 읽을 때 자세는
반**듯**반**듯**하게 **반듯**이

바로 체크

1 맞춤법에 맞게 낱말을 구분해서 쓰세요.

(1) 반듯하게. ▶ 침대에 [반 □ □] 누우세요.

(2) 꼭. ▶ 교통 규칙은 [반 □ □] 지켜야 한다.

2 맞춤법에 맞는 낱말을 고르세요.

(1) 길이 비뚤지 않고 [반드시 ─ 반듯이] 나 있다.

(2) 세 시까지 [반드시 ─ 반듯이] 학원에 가야 해.

(3) 다리를 꼬지 말고 [반드시 ─ 반듯이] 앉아야지.

(4) 나중에 [반드시 ─ 반듯이] 훌륭한 선생님이 될 거야.

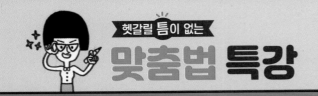
싸이다	VS	쌓이다

씌워져 가려지거나 둘러져 말리다. '싸다'에서 온 말.	물건이 겹겹이 포개어져 놓이다. '쌓다'에서 온 말.

[활용] 싸이고 / 싸이어(싸여) / 싸였다

- 보자기에 **싸이다**.
  → 가려지다
- 종이에 **싸인** 꽃다발을 내밀었다.
  → 말린

[활용] 쌓이고 / 쌓이어(쌓여) / 쌓였다

- 골목에 눈이 **쌓이다**.
  → 포개어져 놓이다
- 책상에 책들이 **쌓여** 있다.
  → 포개어져 놓여

암기b법

속**싸**개나 겉**싸**개에 '**싸이다**'

하나둘 **쌓**임, '**쌓이다**'

바로체크

1 맞춤법에 맞게 낱말을 구분해서 쓰세요.

(1) | 포개어져 놓여. | ▶ 창고에 물건이 가득 [| 여] 있어요.

(2) | 가려져. | ▶ 포장지에 [| 여] 있는 것은 뭐예요?

2 맞춤법에 맞는 낱말을 고르세요.

(1) 지붕에 눈이 [**싸여** ─ **쌓여**] 있다.

(2) 먼지가 [**싸인** ─ **쌓인**] 바닥을 깨끗하게 청소했다.

(3) 승연이가 천에 [**싸인** ─ **쌓인**] 물건을 불쑥 내밀었다.

(4) 포대기에 [**싸인** ─ **쌓인**] 아기가 새근새근 잠을 자고 있다.

헷갈림 지수 😐😐😐😐😐

집다	VS	짚다
물건을 잡아서 들다.		바닥이나 벽, 지팡이 등에 몸을 의지하다.

활용 집는 / 집어 / 집었다

활용 짚는 / 짚어 / 짚었다

- 연필을 **집다**.
  → 잡아서 들다
- 젓가락으로 반찬을 **집어** 먹었다.
  → 잡아서 들어

- 벽을 **짚다**.
  → 몸을 의지하다
- 목발을 **짚고** 다녀야 해.
  → 몸을 의지하고

암기b법

집게로 **집**을 때 '**집다**'

지**팡**이로 땅을 **짚**을 때 '**짚다**'

↳ TIP 짚다: 이마나 머리 등을 손으로 누르며 대다.
  예 이마를 짚어 보니 열이 있는 것 같아.

바로체크

1 맞춤법에 맞게 낱말을 구분해서 쓰세요.

(1) 잡아서 들어. ▸ 사탕을 [| 어] 주머니에 넣었다.

(2) 몸을 의지하고. ▸ 나무 막대기를 [| 고] 산을 내려갔다.

2 맞춤법에 맞는 낱말을 고르세요.

(1) 젓가락으로 콩을 [집다 ┤ 짚다].

TIP
(2) 한의사가 환자의 맥을 [집었다 ┤ 짚었다].

(3) 네 앞에 있는 반찬 좀 [집어 ┤ 짚어] 줄래?

(4) 넘어진 아이가 땅을 [집고 ┤ 짚고] 일어났다.

맞다 VS 맡다

맞다	맡다

틀리지 않고 옳다. | 코로 냄새를 느끼다.

활용 맞고 / 맞으니 / 맞았다

활용 맡고 / 맡으니 / 맡았다

• 네 말이 모두 **맞다**.
  → 옳다

• 우리가 추측한 게 **맞았어**.
  → 옳았어

• 꽃향기를 **맡다**.
  → 냄새를 느끼다

• 여기서 냄새가 나는지 좀 **맡아** 봐.
  → 냄새를 느껴

암기b법

'맞아 맞아[마**자** 마**자**]' 할 때는
ㅈ 받침, '**맞다**'

'맡아[마**타**] 봐 냄새' 할 때는
ㅌ 받침, '**맡다**'

→ TIP 맞다: 눈이나 비 등을 그대로 받다.
예 우산이 없어서 비를 맞았다.

→ TIP 맡다: 어떤 일이나 역할을 하다.
예 이번 학기에 회장을 맡았다.

1 맞춤법에 맞게 낱말을 구분해서 쓰세요.

바로체크

(1) 냄새를 느껴. ▶ 코가 막혀서 냄새를 못 [| 아].

(2) 옳은. ▶ 재윤이의 주장이 [| 는] 것 같아.

2 맞춤법에 맞는 낱말을 고르세요.

TIP
(1) 밖에 나가서 눈을 [맞을까 | 맡을까] ?

(2) 코를 킁킁거리며 냄새를 [맞았다 | 맡았다].

TIP
(3) 이번 행사의 사회를 [맞게 | 맡게] 되었습니다.

(4) 여기 적혀 있는 이름과 연락처가 [맞아요 | 맡아요] ?

반침을
주의 깊게 살펴보렴.

갖다	VS	같다
무엇을 지니다. '가지다'의 준말.		서로 다르지 않다.

활용 갖고 / 갖는 / 갖지

- 축구공을 **갖고** 학교에 갔다.
  → 지니고
- 우리나라는 오랜 역사를 **갖고** 있다.
  → 지니고

활용 같고 / 같은 / 같지

- 나와 소연이는 생일이 **같다**.
  → 다르지 않다
- 엄마는 천사와 **같아요**.
  → 다르지 않아요

암기b법

'너 가져[가**져**]' 할 때는
ㅈ 받침, '**갖**다'

'아기 같은[가**튼**] 피부' 할 때는
ㅌ 받침, '**같**다'

➡ **TIP** 같다: 미루어 생각되는 점이 있다.
예 눈이 올 것 **같아**.

바로체크

1 맞춤법에 맞게 낱말을 구분해서 쓰세요.

(1) 지니고. ▶ 가방 좀 [| 고] 있을래?

(2) 다르지 않은. ▶ 아빠와 엄마는 [| 은] 회사에 다니세요.

2 맞춤법에 맞는 낱말을 고르세요.

(1) 나는 짝과 취미가 [갖다 ─ 같다].

(2) 누가 열쇠를 [갖고 ─ 같고] 있니?

TIP
(3) 저 사람 어디서 본 것 [갖다 ─ 같다].

(4) 책을 제자리에 [갖다 ─ 같다] 놓고 올래?

헷갈릴 틈 없이 맞춤법 맞히기

1 맞춤법에 맞으면 ○표, 틀리면 ×표 하기

❶ 지우개가 <u>없어서</u> 친구에게 빌렸어. ☐

❷ 날이 <u>세도록</u> 친구와 이야기를 했어. ☐

❸ 이번 연극에서 공주 역할을 <u>맡았다</u>. ☐

❹ 포장지에 <u>싸인</u> 것이 무엇인지 궁금해. ☐

❺ 친구와 장난을 치다가 식판을 <u>업었어</u>. ☐

❻ 할아버지, 넥타이를 <u>메니까</u> 멋있어요. ☐

❼ 손으로 빨래를 <u>집어서</u> 물에 헹구었다. ☐

❽ 이를 닦기 위해 칫솔에 치약을 <u>무쳤다</u>. ☐

❾ 벽에 걸린 시계를 <u>때어서</u> 다른 곳에 걸었다. ☐

❿ 무슨 일이 있어도 올해는 <u>반드시</u> 살을 뺄 거야. ☐

2 잘못 쓴 글자에 ×표 하고, 고쳐 쓰기

❶ 베개를 │배│고│ 누워서 드라마를 보았다.
→ (   )

❷ 해야 할 빨래가 산더미처럼 │싸│여│ 있어.
→ (   )

❸ 여러분, 자세를 │반│드│시│ 하고 서세요.
→ (   )

❹ 너는 볼에 뭘 그렇게 │무│치│고│ 다니니?
→ (   )

❺ 감자가 뜨거우니까 │시│켜│서│ 먹도록 해.
→ (   )

❻ 불빛이 │세│어│ 나가지 않도록 커튼을 쳤다.
→ (   )

❼ 탁자를 │집│고│ 일어나다가 넘어지고 말았다.
→ (   )

❽ 동생과 옆집 누나의 이름이 │갖│습│니│다│.
→ (   )

❾ 나무를 모아서 불을 │떼│니│ 몸이 좀 따뜻해졌다.
→ (   )

❿ 아들이 날 │엎│어│ 주었는데 기분이 매우 좋더라.
→ (   )

3 틀린 낱말에 밑줄 긋고, 바르게 고쳐 쓰기

❶ 검정 가방을 맨 남자가 팥빙수를 시켰어요.
→ (   )

❷ 술래는 반드시 삼십까지 샌 뒤에 출발해야 해.
→ (   )

❸ 옆집 아주머니가 비닐에 쌓인 떡을 갖고 오셨다.
→ (   )

❹ 게시판에 붙어 있는 종이를 떼다가 손을 배었어.
→ (   )

❺ 스펀지에 물감을 무쳐서 배경을 칠하는 게 맞지?
→ (   )

❻ 엄마, 허리에 멜 벨트가 없으니까 하나만 사 주세요.
→ (   )

❼ 냄새 좀 맡아 볼래? 손에 마늘 냄새가 벤 것 같지 않니?
→ (   )

❽ 의자에 반듯이 앉아서 젓가락으로 반찬을 짚어 먹었다.
→ (   )

❾ 길에 쓰레기가 싸여 있으면 다니기가 불편할 것 같아요.
→ (   )

❿ 나물을 묻히게 선반 위에 엎어 놓은 그릇 좀 가져올래?
→ (   )

4 알맞은 낱말을 골라 문장 완성하기

❶ 무치다 ― 묻히다

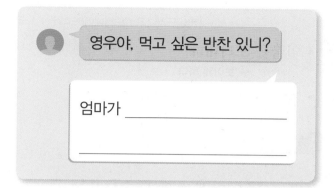

영우야, 먹고 싶은 반찬 있니?

엄마가 _____

_____

❷ 식히다 ― 시키다

재원: 성호야, 어디 가니?

성호: _____

_____

❸ 배다 ― 베다

_____

_____

_____

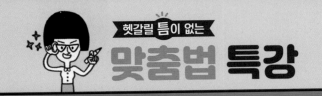

드러내다	VS	들어내다

보이게 하거나 사실을 알게 하다.
'드러나다'에서 온 말.

물건을 들어서 밖으로 옮기다.

활용 드러내고 / 드러내어(드러내) / 드러냈다

활용 들어내고 / 들어내어(들어내) / 들어냈다

• 얼굴을 **드러내다.**
 → 보이게 하다

• 자신의 정체를 **드러냈다.**
 → 알게 했다

• 의자를 모두 **들어내다.**
 → 들어서 밖으로 옮기다

• 방에 있던 책을 모두 밖으로 **들어냈다.**
 → 들어서 옮겼다

암기b법

드디어 모습을 **드**러내는군!

아**들**아, 책상을 밖으로 **들**어내자!

바로체크

1 맞춤법에 맞게 낱말을 구분해서 쓰세요.

(1) 보이게 하다. ▶ 하얀 이를 [| | 내 | 다].

(2) 들어서 밖으로 옮기다. ▶ 창고에서 물건을 [| | 내 | 다].

2 맞춤법에 맞는 낱말을 고르세요.

(1) 헌 식탁을 마당으로 [드러냈다 ┤ 들어냈다].

(2) 어깨를 [드러내는 ┤ 들어내는] 옷이 유행이에요.

(3) 그는 서서히 자신의 본모습을 [드러냈다 ┤ 들어냈다].

(4) 생선 가게 아주머니는 생선의 배를 가르고 내장을 [드러냈다 ┤ 들어냈다].

헷갈림 지수 😐😐😐😊😊

다치다	VS	닫히다
몸이나 마음에 상처를 입다.		열린 문이나 서랍 등이 제자리로 가 막히다. '닫다'에서 온 말.

활용 다치고 / 다치어(다쳐) / 다쳤다

활용 닫히고 / 닫히어(닫혀) / 닫혔다

• 무릎을 **다치다**.
→ 상처를 입다

• 심한 말을 듣고 마음이 **다쳤다**.
→ 상처를 입었다

• 창문이 **닫히다**.
→ 제자리로 가 막히다

• 엘리베이터 문이 **닫혔다**.
→ 제자리로 가 막혔다

암기b법

치료받아야 하는 건 **다친** 내 발

확실**히** 열어야 하는 건 굳게 **닫힌** 문

바로체크

1 맞춤법에 맞게 낱말을 구분해서 쓰세요.

(1) 상처를 입어서. ▸ 손을 [| 서] 보건실에 갔어요.

(2) 제자리로 가 막혀서. ▸ 뚜껑이 꼭 [| 서] 열 수가 없네.

2 맞춤법에 맞는 낱말을 고르세요.

(1) 넘어져 발가락을 [**다쳤어요** ├ **닫혔어요**].

(2) 아빠, 서랍이 잘 [**다치지** ├ **닫히지**] 않아요.

(3) 도둑은 [**다친** ├ **닫힌**] 금고 문을 열려고 애를 썼다.

(4) [**다치는** ├ **닫히는**] 창문에 손가락이 끼어서 [**다쳤어** ├ **닫혔어**].

부치다	VS	붙이다
편지나 물건 등을 보내다.		떨어지지 않게 하거나 거리를 가깝게 하다. '붙다'에서 온 말.

부치다 — 활용 부치고 / 부치어(부쳐) / 부쳤다

- 편지를 **부치다**.
  → 보내다
- 이모가 **부친** 소포가 도착했다.
  → 보낸

붙이다 — 활용 붙이고 / 붙이어(붙여) / 붙였다

- 편지봉투에 우표를 **붙이다**.
  → 떨어지지 않게 하다
- 책상과 책장 사이를 더 **붙일까**?
  → 가깝게 할까

암기b법

보내고 나면 나에게는 없잖아!
받침도 없는 '**부치다**'

떨어지지 않게 받침을 붙이자!
받침이 있는 '**붙이다**'

바로체크

1 맞춤법에 맞게 낱말을 구분해서 쓰세요.

(1) 보내고. ▶ 아들에게 용돈을 [　　|　 고] 왔어.

(2) 떨어지지 않게 하고. ▶ 다친 손가락에 밴드를 [　　|　 고] 있어요.

2 맞춤법에 맞는 낱말을 고르세요.

(1) 침대를 벽에 [부칠까 ┤ 붙일까] ?

(2) 색연필과 크레파스에 이름표를 [부쳤다 ┤ 붙였다] .

(3) 외국에 사는 언니에게 화장품을 [부쳤어요 ┤ 붙였어요] .

(4) 택배 상자에 이름과 주소, 연락처를 적은 종이를 [부쳤다 ┤ 붙였다] .

암기b법을
소리 내어 읽어 보렴!

띄다	VS	띠다

눈에 보이거나 남보다 훨씬 두드러지다.
'뜨이다'의 준말.

색, 감정이나 기운, 성질 등을 나타내다.

[활용] 띄고 / 띄어 / 띄었다

[활용] 띠고 / 띠어(띠) / 띠었다

• 노란 옷이 눈에 **띄다**.
　　　　　→ 보이다

• 눈에 **띄게** 발전한 우리나라
　→ 두드러지게

• 노란빛을 **띠다**.
　　　　→ 나타내다

• 얼굴에 웃음을 **띠었다**.
　　　　　→ 나타내었다

암기b법

눈에 **띄는 의**상을 입었네.

얼굴에는 **미**소를 **띠었**네.

TIP 띄다: 거리를 멀어지게 하다. '띄우다'의 준말.
[예] 한 칸 띄고 쓰세요.

바로 체크

1 맞춤법에 맞게 낱말을 구분해서 쓰세요.

(1) 　색을 나타내고.　▶ 저녁노을이 붉은빛을 [　|고　] 있다.

(2) 　눈에 보이는.　▶ 가게 간판이 무척 눈에 [　|는　] 것 같아.

2 맞춤법에 맞는 낱말을 고르세요.

TIP
(1) 두 칸 [띄어 — 띠어] 앉아라.

(2) 눈동자가 푸른빛을 [띄다 — 띠다].

(3) 지우개가 눈에 [띄지 — 띠지] 않아요.

(4) 두 팀의 경기는 점차 활기를 [띄고 — 띠고] 있습니다.

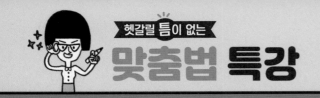

헷갈릴 틈이 없는
맞춤법 특강

헷갈림 지수 ☺☺☺☺☺

깁다	VS	깊다
다른 조각을 대거나 그대로 꿰매다.		밑바닥이나 속까지의 거리가 멀다.

[활용] 기워 / 기우니 / 기웠다

[활용] 깊어 / 깊으니 / 깊었다

- 구멍 난 양말을 **깁다**.
  → 꿰매다
- 헝겊 조각으로 **기운** 옷을 입었다.
  → 다른 조각을 댄

- 물이 매우 **깊다**.
  → 밑바닥까지의 거리가 멀다
- **깊은** 산속에 나무꾼이 살았다.
  → 속까지의 거리가 먼

암기b법

바늘과 관계된 것은 '**깁다**'

깊이와 관계된 것은 '**깊다**'

> TIP 깊다: 시간이 오래되다.
> [예] 밤이 깊다.

바로 체크

1 맞춤법에 맞게 낱말을 구분해서 쓰세요.

(1) [거리가 멀다.] ▶ 우물이 무척 [☐ | 다].

(2) [꿰매다.] ▶ 해진 바지를 [☐ | 다].

2 맞춤법에 맞는 낱말을 고르세요.

(1) 강이 무척 [깁구나] — [깊구나] !

TIP
(2) 우리나라는 역사가 매우 [깁다] — [깊다].

(3) 어부는 구멍 난 그물을 [깁고] — [깊고] 있었다.

(4) 할머니는 마루에 앉아 헌 옷을 [깁고] — [깊고] 계셨다.

헷갈림 지수 😐😐😐😐😐

덥다	VS	덮다

온도가 높다.	다른 것을 얹어서 씌우거나 뚜껑 등으로 막다.

활용 덥고 / 더워 / 더웠다

• 날씨가 **덥다.**
→ 온도가 높다

• **더운** 물이 안 나와요.
→ 온도가 높은

활용 덮고 / 덮어 / 덮었다

• 이불을 **덮다.**
→ 씌우다

• 냄비 뚜껑을 **덮었다.**
→ 막았다

🔑 암기b법

덥지? 무**덥**지? 후**덥**지근하지?

덮개로 **덮을까**? 다 **덮을까**?

➡ TIP 덮다: 펼쳐져 있는 책 등을 닫다.
예 책을 덮다.

✔ 바로 체크

1 맞춤법에 맞게 낱말을 구분해서 쓰세요.

(1) | 온도가 높다. | ▶ 방 안이 너무 [|] 다 .

(2) | 막다. | ▶ 장독을 뚜껑으로 [|] 다 .

2 맞춤법에 맞는 낱말을 고르세요.

(1) 10월인데도 날이 무척 [덥네] [덮네] !

(2) 하얀 눈이 온 마을을 [덥습니다] [덮습니다] .

TIP
(3) 아빠는 신문을 [덥고] [덮고] 잠시 생각에 잠기셨다.

(4) 벼는 [덥고] [덮고] 비가 많이 내리는 지역에서 잘 자란다.

저리다 · VS · 절이다

저리다

감각이 둔하고 아픈 느낌이 있다.

[활용] 저리고 / 저리어(저려) / 저렸다

• 손가락이 **저리다**.
  → 둔하고 아픈 느낌이 있다
• 오래 앉아 있었더니 다리가 **저렸다**.
  → 둔하고 아픈 느낌이 있었다

절이다

소금, 식초, 설탕 등이 배어들게 하다.
'절다'에서 온 말.

[활용] 절이고 / 절이어(절여) / 절였다

• 소금에 **절이다**.
  → 배어들게 하다
• 오이를 식초에 **절였다**.
  → 배어들게 했다

암기b법

팔 **저**려! 발 **저**려!
몸이 아픈 느낌일 땐 '**저리다**'

소금에 **절**여! 설탕에 **절**여!
간이 배어들게 할 땐 '**절이다**'

바로체크

1 맞춤법에 맞게 낱말을 구분해서 쓰세요.

(1) 배어들게 하고. ▸ 배추를 소금에 [　｜　] 고 하루 정도 두세요.

(2) 둔하고 아픈 느낌이 있고. ▸ 쭈그리고 있었더니 다리가 [　｜　] 고 아팠다.

2 맞춤법에 맞는 낱말을 고르세요.

(1) 손발이 시리고 [저려요 ┤ 절여요].

(2) 꿀에 [저린 ┤ 절인] 대추를 먹어 보았다.

(3) 소금에 [저린 ┤ 절인] 음식은 오랫동안 보관할 수 있다.

(4) 팔을 베고 잤더니 아침 내내 팔이 [저려서 ┤ 절여서] 혼났어.

밭침을
주의 깊게 살펴보렴!

짓다	VS	짖다
밥, 옷, 집, 글 등을 만들다.		개나 새가 소리를 내다.

[활용] 짓고 / 지어 / 지었다

[활용] 짖고 / 짖어 / 짖었다

• 튼튼한 집을 **짓다**.
    → 만들다

• 봄을 주제로 시를 **지었다**.
    → 만들었다

• 개가 **짖다**.
    → 소리를 내다

• 새벽에 닭이 **짖었다**.
    → 소리를 냈다

 암기b법

엄마는 밥을 **짓**고, 형은 글을 **짓**고
만들 땐 '**짓다**'

개는 멍멍 **짖**고, 까치는 깍깍 **짖**고
소리를 낼 땐 '**짖다**'

TIP 짓다: 표정이나 태도 등을 나타내다.
예 슬픈 표정을 짓다.

바로체크

1 맞춤법에 맞게 낱말을 구분해서 쓰세요.

(1)   만들고.   ▶ 건물을 [| 고] 있어요.

(2)   소리를 내고.   ▶ 마당에 있는 강아지가 [| 고] 있어요.

2 맞춤법에 맞는 낱말을 고르세요.

(1) 할머니께서 [지어 ┤ 짖어] 주신 옷이에요.

TIP
(2) 아기는 엄마를 보자 미소를 [지었다 ┤ 짖었다].

(3) 개가 낯선 사람을 보자 컹컹 [지었다 ┤ 짖었다].

(4) 아픈 아빠를 위해 엄마가 약을 [지어 ┤ 짖어] 오셨다.

헷갈림 지수 ☺☺☺☺☺

해치다	VS	헤치다

마음이나 몸에 해를 입히거나 죽이다.	뚫고 지나가거나 이겨 나가다.

활용 해치고 / 해치어(해쳐) / 해쳤다   **활용** 헤치고 / 헤치어(헤쳐) / 헤쳤다

• 건강을 **해치다**.
    → 해를 입히다

• 곰이 가축을 **해쳤다**.
    → 죽였다

• 수풀을 **헤치다**.
    → 뚫고 지나가다

• 고난을 **헤쳐** 나갔다.
    → 이겨

암기b법

해를 입힐 때에는
'**해치다**'

헤엄치듯 뚫고 지나갈 때에는
'**헤치다**'

TIP 해치다: 망가지게 하다.
    예 분위기를 해치지 마.

1 맞춤법에 맞게 낱말을 구분해서 쓰세요.

(1) 뚫고 지나가고. ➤ 사람들을 [　　|　　| 고] 앞으로 갔다.

(2) 해를 입히고. ➤ 무리한 운동은 건강을 [　　|　　| 고] 말 거예요.

2 맞춤법에 맞는 낱말을 고르세요.

(1) 힘을 모아 어려움을 [해쳐 ┤├ 헤쳐] 나가자.

(2) 단 음식은 치아 건강을 [해칠 ┤├ 헤칠] 수 있다.

TIP
(3) 불법 주차는 공공질서를 [해치는 ┤├ 헤치는] 행위이다.

(4) 배는 물살을 [해치며 ┤├ 헤치며] 힘차게 앞으로 나아갔다.

헷갈림 지수 ☺☺☺☺☺

조리다	VS	졸이다

조리다
양념이나 단맛이 배게 끓이다.

활용 조리는 / 조리어(조려) / 조렸다

- 멸치를 간장에 **조리다**.
  → 양념이 배게 하다
- 복숭아를 설탕에 **조렸다**.
  → 단맛이 배게 했다

🔑 암기b법

무**조림**, 감자**조림**,
맛이 배어드는 건 '**조리다**'

졸이다
물의 양을 적어지게 하다.
'졸다'에서 온 말.

활용 졸이는 / 졸이어(졸여) / 졸였다

- 국을 **졸이다**.
  → 물의 양을 적어지게 하다
- 국물을 더 **졸여**.
  → 물의 양을 적어지게 해

물의 양이 **줄**어드는 건 '**졸이다**'

→ TIP 졸이다: 속을 태우다시피 초조해하다.
예 가슴을 졸이다.

✓ 바로체크

1 맞춤법에 맞게 낱말을 구분해서 쓰세요.

(1) | 물의 양을 적어지게 하면. | ▶ 국물을 오래 [|] 면 | 맛이 짜.

(2) | 양념이 배게 끓이는. | ▶ 생선을 양념에 [|] 는 | 중이야.

2 맞춤법에 맞는 낱말을 고르세요.

(1) 과일을 꿀에 [조려서 ┤ 졸여서] 먹었다.

(2) 감자를 매콤한 양념에 [조릴까 ┤ 졸일까] ?

(3) 국물을 조금 [조렸더니 ┤ 졸였더니] 걸쭉해졌다.

TIP
(4) 선생님께서 발표를 시키실까 봐 마음을 [조렸다 ┤ 졸였다] .

거치다 VS 걷히다

거치다	걷히다
어디를 지나거나 들르다.	구름이나 안개 등이 없어지다. '걷다'에서 온 말.

거치다	걷히다
활용 거치고 / 거치어(거쳐) / 거쳤다	활용 걷히고 / 걷히어(걷혀) / 걷혔다

- 다른 도시를 **거치다**.
  → 지나거나 들르다
- 부산을 **거쳐** 제주도에 갔다.
  → 지나거나 들러

- 먹구름이 **걷히다**.
  → 없어지다
- 연기가 모두 **걷혔다**.
  → 없어졌다

🔑 암기b법

장소와 관계된 것은 '**거치다**'	**날씨**와 관계된 것은 '**걷히다**'

TIP 거치다: 과정을 겪거나 단계를 밟다.
예 초등학교를 거친 후에 중학교에 간다.

TIP 걷히다: 여러 사람에게서 돈이나 물건 등이 모아지다.
예 기부금이 걷혔다.

1 맞춤법에 맞게 낱말을 구분해서 쓰세요.

(1) 안개가 없어지기를. ▶ 안개가 모두 [| | 기 | 를] 기다렸다.

(2) 지나거나 들러서. ▶ 이 열차는 대구를 [| | 서] 부산까지 간다.

2 맞춤법에 맞는 낱말을 고르세요.

(1) 황사가 [**거치니** ┤├ **걷히니**] 하늘이 맑아졌다.

TIP
(2) 자동차는 복잡한 과정을 [**거쳐** ┤├ **걷혀**] 만들어진다.

(3) 태풍이 일본을 [**거쳐** ┤├ **걷혀**] 우리나라로 올 예정이다.

TIP
(4) 어려운 이웃에게 나누어 줄 성금이 많이 [**거쳤어요** ┤├ **걷혔어요**].

소리 내어 읽어 보렴!
살짝 헷갈리다가도
딱, 감이 잡힐 거야.

빗다	VS	빚다
머리카락이나 털을 정리하다.		반죽하여 물건이나 음식을 만들다.

활용 빗고 / 빗으니 / 빗었다

- 빗으로 머리를 **빗다**.
  → 정리하다
- 머리를 단정하게 **빗어야지**.
  → 정리해야지

활용 빚고 / 빚으니 / 빚었다

- 흙으로 항아리를 **빚다**.
  → 만들다
- 추석 때 송편을 **빚었다**.
  → 만들었다

ㅎ 암기b법

'머리를 빗어[비서]' 할 때는
ㅅ 받침, '**빗다**'

'만두를 빚어[비저]' 할 때는
ㅈ 받침, '**빚다**'

바로체크

1 맞춤법에 맞게 낱말을 구분해서 쓰세요.

(1) 털을 정리하여. ▶ 강아지의 털을 살살 [　|어] 주었다.

(2) 반죽하여 만들고. ▶ 엄마는 부엌에서 수제비를 [　|고] 계세요.

2 맞춤법에 맞는 낱말을 고르세요.

(1) 할머니와 떡을 [빗었다 ┤ 빚었다].

(2) 헝클어진 머리를 [빗고 ┤ 빚고] 있었다.

(3) 선생님을 따라 도자기를 [빗었다 ┤ 빚었다].

(4) 고양이 털을 [빗다가 ┤ 빚다가] 빗을 떨어뜨렸다.

맞춤법 맞히기

1 맞춤법에 맞으면 ○표, 틀리면 ×표 하기

❶ 앞머리를 <u>빗어</u> 내렸다. ☐

❷ 땅을 더 <u>깁게</u> 파야 하나 봐. ☐

❸ 사거리에 건물을 <u>짓고</u> 있다. ☐

❹ 바람이 불어 창문이 <u>다쳤다</u>. ☐

❺ 힘들 때마다 잘 <u>해쳐</u> 나가자. ☐

❻ 맨 앞에 있는 아이가 눈에 <u>띠네</u>. ☐

❼ 나뭇잎이 배수구 구멍을 <u>덮었다</u>. ☐

❽ 풀을 바른 도배지를 벽에 <u>부쳤다</u>. ☐

❾ 간장에 <u>조린</u> 장조림이 먹고 싶어. ☐

❿ 서울을 <u>거쳐</u> 양평으로 가는 길이야. ☐

2 잘못 쓴 글자에 ×표 하고, 고쳐 쓰기

❶ 구멍 난 바지를 | 깊 | 다 |.
→ ( )

❷ 굴을 택배로 | 붙 | 였 | 다 |.
→ ( )

❸ 회비가 꽤 많이 | 거 | 쳤 | 다 |.
→ ( )

❹ 생선을 소금에 | 저 | 려 | 먹었다.
→ ( )

❺ 강아지 | 짓 | 는 | 소리에 잠을 깼다.
→ ( )

❻ 손이 | 절 | 이 | 면 | 좀 주물러 줄까요?
→ ( )

❼ 파란색 지붕의 이층집이 눈에 | 띤 | 다 |.
→ ( )

❽ 옛날 사람들이 | 빗 | 은 | 토기를 보았다.
→ ( )

❾ 시험에 떨어질까 봐 마음을 | 조 | 렸 | 다 |.
→ ( )

❿ 기분이 좋아 온종일 미소를 | 짓 | 고 | 다녔다.
→ ( )

3 틀린 낱말에 밑줄 긋고, 바르게 고쳐 쓰기

❶ 손가락이 절여서 파스를 붙였다.
→ (   )

❷ 할머니가 빚은 떡을 고모 댁에 부쳤다.
→ (   )

❸ 문이 열리고 다칠 때마다 개가 짖었다.
→ (   )

❹ 찌개 국물을 졸이기 위해 뚜껑을 덥었다.
→ (   )

❺ 안개가 걷히면 닫힌 곳을 치료하러 가자.
→ (   )

❻ 푸른빛을 띠는 생선을 양념에 졸여 먹었다.
→ (   )

❼ 깊은 밤이었지만 안개 속을 해치고 달려왔다.
→ (   )

❽ 얼굴에 웃음을 띄며 감정을 그대로 드러냈다.
→ (   )

❾ 지난밤에 멧돼지가 가축을 해칠까 봐 가슴을 조렸다.
→ (   )

❿ 날씨가 덥고 습한 나라에서는 물 위에 집을 짓기도 해요.
→ (   )

4 알맞은 낱말을 골라 문장 완성하기

❶ 부치다 ┤ 붙이다

시원: 떨어진 부분은 어떻게 할까?

다현: 테이프로 _____

_____

❷ 덮다 ┤ 덥다

엄마, 방이 너무 추워요.

_____

_____

❸ 드러내다 ┤ 들어내다

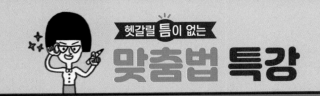
해어지다	VS	헤어지다
닳아서 구멍이 나거나 찢어지다.		사람과 떨어지거나 관계를 끊다.

해어지다 쪽:

활용 해어지어(해어져) / 해어지고 / 해어졌다

- 바지가 **해어지다**.
  → 구멍이 나거나 찢어지다
- 종이가 **해어졌네**.
  → 구멍이 나거나 찢어졌네

헤어지다 쪽:

활용 헤어지어(헤어져) / 헤어지고 / 헤어졌다

- 일행과 **헤어지다**.
  → 떨어지다
- 사귀던 사람과 **헤어졌어**.
  → 관계를 끊었어

암기b법

구멍 나거나 찢어진 것은 피**해**니까
'**해어지다**'

떨**어지**거나 흩**어지**는 것은
'**헤어지다**'

TIP '해어지다'의 준말은 '해지다'야. '해져, 해지고, 해졌다'와 같이 활용해.

바로 체크

1 맞춤법에 맞게 낱말을 구분해서 쓰세요.

(1) 구멍이 났다. ▶ 양말이 [| | 졌 | 다].

(2) 사람과 떨어졌다. ▶ 승민이와 다섯 시에 [| | 졌 | 다].

2 맞춤법에 맞는 낱말을 고르세요.

(1) 이제는 [해어질 | 헤어질] 시간이야.

(2) 지우와 떡볶이만 먹고 [해어졌어 | 헤어졌어].

(3) 옷소매가 [해어져 | 헤어져] 입을 수가 없어요.

(4) 오래된 책이라 표지가 다 [해어졌다 | 헤어졌다].

헷갈림 지수 😑😑😑😑😑

묵다	VS	묶다

어디에서 손님으로 머물다.

끈, 줄 등을 매듭으로 만들거나 물건을 잡아매다.

활용 묵어 / 묵는 / 묵었다

활용 묶어 / 묶는 / 묶었다

• 며칠을 **묵다**.
  → 머물다
• 호텔에서 **묵었다**.
  → 머물렀다

• 리본을 **묶다**.
  → 매듭으로 만들다
• 끈으로 상자를 **묶었다**.
  → 잡아매었다

암기b법

숙박과 관계된 것은 '**묵다**'

끈, 줄과 관계된 것은 '**묶다**'

TIP 묵다: 오래된 상태가 되다.
예 묵은 김치로 찌개를 끓였다.

TIP 묶다: 여럿을 한곳으로 모으거나 합하다.
예 과자를 세 봉지씩 묶어 놓았다.

바로체크

1 맞춤법에 맞게 낱말을 구분해서 쓰세요.

(1) 머물렀어. ▶ 펜션에서 이틀을 | | 었 | 어 .

(2) 잡아맸어. ▶ 고무줄로 머리를 | | 었 | 어 .

2 맞춤법에 맞는 낱말을 고르세요.

TIP
(1) 묵은 ├ 묶은 때를 벗기느라 힘들었어.

TIP
(2) 상품 여러 개를 묵어서 ├ 묶어서 판다.

(3) 실의 한쪽 끝을 묵으면 ├ 묶으면 매듭을 만들 수 있어.

(4) 나그네는 하룻밤만 묵게 ├ 묶게 해 달라고 부탁을 했다.

붇다 VS 붓다

붇다	붓다
부피가 커지거나 양이나 개수가 많아지다.	액체나 가루를 쏟아 넣다.

활용 붇는 / 불어 / 붇기 / 불었다

활용 붓는 / 부어 / 붓기 / 부었다

• 라면이 **붇다**.
→ 부피가 커지다

• 몸무게가 **불어서** 걱정이야.
→ 많아져서

• 물을 냄비에 **붓다**.
→ 쏟아 넣다

• 밀가루를 통에 **부어라**.
→ 쏟아 넣어라

암기b법

묻지 마. 체중이 **붇는** 중이야!

치지 마. 물통에 수**돗**물을 **붓는** 중이야!

TIP 붓다: 살갗이 불룩하게 솟아오르다.
예 왜 이렇게 눈이 부었니?

바로체크

1 맞춤법에 맞게 낱말을 구분해서 쓰세요.

(1) 쏟아 넣다. ▶ 쌀을 자루에 〔　｜다〕.

(2) 부피가 커지다. ▶ 칼국수가 오래되어 〔　｜다〕.

2 맞춤법에 맞는 낱말을 고르세요.

(1) 주전자에 약수를 〔 붇고 ｜ 붓고 〕 있다.

(2) 비가 많이 와서 강물이 〔 부었다 ｜ 불었다 〕.

TIP
(3) 오래 서 있으면 다리가 〔 붇는다 ｜ 붓는다 〕.

(4) 국수는 〔 붇기 ｜ 붓기 〕 전에 먹어야 맛있다.

받침을 주의 깊게 살펴보렴.

다리다 VS 달이다

다리다	달이다
다리미로 눌러 문지르다.	우러나거나 진하게 되도록 끓이다.

활용 다리고 / 다리어(다려) / 다렸다

- 셔츠를 **다리다.**
  → 다리미로 문지르다
- 바지 좀 **다려** 주세요.
  → 다리미로 문질러

활용 달이고 / 달이어(달여) / 달였다

- 약을 **달이다.**
  → 우러나도록 끓이다
- 간장을 **달였더니** 냄새가 난다.
  → 진하게 되도록 끓였더니

 암기b법

다리미를 이용할 땐 '**다리다**'

액체를 **팔팔** 끓일 땐 '**달이다**'

바로체크

1 맞춤법에 맞게 낱말을 구분해서 쓰세요.

(1) 다리미로 문지르고. ➤ 엄마는 교복을 [　　｜　　｜ 고] 계세요.

(2) 끓이고. ➤ 아빠는 한약을 [　　｜　　｜ 고] 계세요.

2 맞춤법에 맞는 낱말을 고르세요.

(1) 치마 좀 [다려]⊢[달여] 입어라.

(2) 구겨진 옷을 다리미로 [다렸다]⊢[달였다] .

(3) 할머니께서 정성껏 [다려]⊢[달여] 주신 보약이에요.

(4) 엄마는 대추를 [다려]⊢[달여] 차로 마시는 것을 좋아하세요.

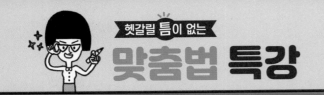

헷갈릴 틈이 없는
맞춤법 특강

헷갈림 지수 ☺☺☺☺☺

결재	VS	결제
아랫사람이 낸 계획을 허락함.		돈을 주고 거래를 끝냄.

- **결재**를 요청하다.
  → 허락
- 사장에게 **결재**를 받으러 갔다.
  → 허락

- 신용 카드로 **결제**를 했다.
  → 지불
- 밥값 **결제**는 제가 할게요.
  → 지불

암기b법

"**해**도 됩니다." 허락하는 것은
'결재'

"**제**가 낼게요." 돈을 내는 것은
'결제'

바로체크

1 맞춤법에 맞게 낱말을 구분해서 쓰세요.

(1) 허락. ▶ | 결 | | 서류에 서명을 했다.

(2) 지불. ▶ 스마트폰으로도 학원비 | 결 | | 가 가능하다.

2 맞춤법에 맞는 낱말을 고르세요.

(1) 이틀 전에 서류 | 결재 ─ 결제 | 를 올렸다.

(2) 물건값이 잘못 | 결재 ─ 결제 | 가 된 것 같다.

(3) 팀장님, 보고서 | 결재 ─ 결제 | 좀 해 주세요.

(4) 5만 원 이상 | 결재 ─ 결제 | 를 하시면 상품을 드립니다.

헷갈림 지수 ☺☺☺☺☺

안치다	VS	앉히다
재료를 솥 등에 넣고 불 위에 올리다.		어디에 앉게 하다. '앉다'에서 온 말.

안치다

[활용] 안치는 / 안치어(안쳐) / 안쳤다

• 쌀을 솥에 **안치다.**
　　→ 불 위에 올리다
• 시루에 떡을 **안쳤다.**
　　→ 불 위에 올렸다

앉히다

[활용] 앉히는 / 앉히어(앉혀) / 앉혔다

• 아이를 무릎 위에 **앉히다.**
　　→ 앉게 하다
• 주혁이를 내 옆자리에 **앉혔다.**
　　→ 앉게 했다

암기b법

음식 재료와 관계된 것은 '**안치다**'

자리와 관계된 것은 '**앉히다**'

TIP 앉히다: 지위나 자리를 차지하게 하다.
예 그 사람을 팀장으로 앉혔다.

---

1 맞춤법에 맞게 낱말을 구분해서 쓰세요.

(1) [불 위에 올리고.] ▶ 된장 푼 물을 뚝배기에 [　　|　 고] 끓였다.

(2) [앉게 하고.] ▶ 동생을 뒤에 [　　|　 고] 나는 앞에 앉았다.

2 맞춤법에 맞는 낱말을 고르세요.

(1) 밥솥에 밥을 [안쳤어]─[앉혔어] .

TIP
(2) 사람들은 그를 사장 자리에 [안쳤다]─[앉혔다] .

(3) 몸이 불편한 할머니를 노약자석에 [안쳐]─[앉혀] 드렸다.

(4) 힘들어하는 친구를 의자에 [안치고]─[앉히고] 물을 갖다 주었다.

젓다	VS	젖다
기구 등을 돌리거나 노나 손잡이를 움직이다.		물이 배어 축축해지다.

활용 젓는 / 저어 / 저었다

- 숟가락으로 **젓다**.
  → 돌리다
- 힘차게 노를 **저어라**.
  → 움직여라

활용 젖는 / 젖어 / 젖었다

- 머리카락이 **젖다**.
  → 축축해지다
- 공책이 다 **젖었어**.
  → 축축해졌어

🎵 **암기b법**

도구를 움직이는 것은 '**젓다**'

물기가 있는 것은 '**젖다**'

→ **TIP** 젓다: 거절하거나 싫다는 표시로 머리나 손을 흔들다.
예 싫다며 고개를 저었다.

→ **TIP** 젖다: 감정이나 생각에 깊이 빠지다.
예 감동에 젖었다.

✔ **바로체크**

1 맞춤법에 맞게 낱말을 구분해서 쓰세요.

(1) 돌리다. ➤ 국을 국자로 [| 다].

(2) 축축해지다. ➤ 티셔츠가 땀에 [| 다].

2 맞춤법에 맞는 낱말을 고르세요.

(1) 비를 맞아 신발이 다 [저었다 ┤ 젖었다].

TIP
(2) 영화를 보고 슬픔에 [저어 ┤ 젖어] 울었다.

(3) 그릇에 우유와 핫케이크 가루를 넣고 잘 [저어 ┤ 젖어] 주세요.

(4) 계란을 [저으면 ┤ 젖으면] 거품이 생기는 까닭은 무엇일까요?

소리 내어 읽어 보렴!
살짝 헷갈리다가도
딱, 감이 잡힐 거야.

너머	VS	넘어 기 넘다
건너편 저쪽.(공간)		어떤 것을 지나.(행동)

• 담 **너머**에서 고양이 울음소리가 들린다.
   → 저쪽

• 산 **너머**로 해가 진다.
   → 저쪽

• 담을 **넘어** 들어가다.
   → 지나

• 이 고개를 **넘어야** 집에 갈 수 있어.
   → 지나야

암기b법

저쪽 공간은 '너머'

지나는 행동은 '넘어'

TIP 넘다: 일정한 시간, 시기, 범위 등에서 벗어나게 되다.
예 두 시가 **넘어** 출발했다.

바로체크

1 맞춤법에 맞게 낱말을 구분해서 쓰세요.

(1) 저쪽. ＞ 언덕 ☐ 에는 무엇이 있을까?

(2) 지나. ＞ 도둑이 울타리를 ☐ 들어온 것 같아.

2 맞춤법에 맞는 낱말을 고르세요.

(1) 산 [너머 ├ 넘어] 에 마을이 있다.

(2) 차가 중앙선을 [너머 ├ 넘어] 달려왔다.

(3) 창문 [너머 ├ 넘어] 보이는 풍경이 아름답다.

TIP
(4) 이 영화는 열다섯 살이 [너머야 ├ 넘어야] 볼 수 있어요.

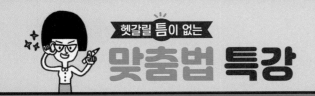

헷갈릴 틈이 없는
맞춤법 특강

헷갈림 지수 ☺☺☺☺☺

거름	VS	걸음
땅에 뿌리거나 섞는 물질. 비료.		두 발을 번갈아 옮겨 놓는 동작. 또는 그 횟수.

- 밭에 **거름**을 뿌리다.
  → 비료
- **거름**을 주면 곡식이 더 잘 자랄 거야.
  → 비료

ㅎ 암기b법

식물을 잘 자라게 하는 것은 '**거름**'

- 갑자기 **걸음**을 멈추다.
  → 발 동작
- 한 **걸음**씩 뒤로 가세요.
  → 발을 옮겨 놓는 횟수

두 **발**을 움직이는 것은 '**걸음**'

바로체크

1 맞춤법에 맞게 낱말을 구분해서 쓰세요.

(1) 비료. ➤ 가축의 배설물을 [　┊　]으로 썼다.

(2) 발 동작. ➤ 아빠의 [　┊　]이 너무 빨라서 쫓아갈 수가 없다.

2 맞춤법에 맞는 낱말을 고르세요.

(1) 밭에서 [거름]—[걸음] 냄새가 난다.

(2) 엄마는 늦었다며 [거름]—[걸음]을 재촉하셨다.

(3) 음식물 쓰레기를 [거름]—[걸음]으로 만들어 썼다.

(4) 지원이는 힘이 들었는지 몇 [거름]—[걸음] 걷다가 주저앉았다.

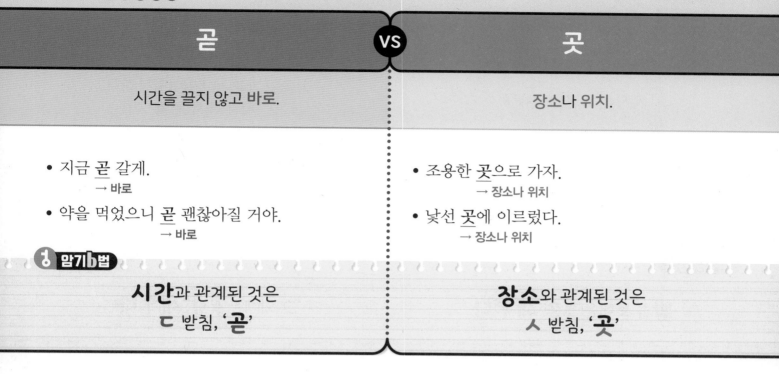

곧	VS	곳
시간을 끌지 않고 바로.		장소나 위치.

• 지금 곧 갈게.
   → 바로

• 약을 먹었으니 곧 괜찮아질 거야.
   → 바로

• 조용한 곳으로 가자.
   → 장소나 위치

• 낯선 곳에 이르렀다.
   → 장소나 위치

암기b법

시간과 관계된 것은
ㄷ 받침, '곧'

장소와 관계된 것은
ㅅ 받침, '곳'

바로 체크

1 맞춤법에 맞게 낱말을 구분해서 쓰세요.

(1) 바로. ▸ [　] 행사를 시작하겠습니다.

(2) 장소나 위치. ▸ 우리가 만나기로 한 [　]이 어디지?

2 맞춤법에 맞는 낱말을 고르세요.

(1) 이제 [곧 ├ 곳] 방학이야!

(2) 내가 태어난 [곧 ├ 곳] 은 부산이다.

(3) 네가 있는 [곧 ├ 곳] 으로 지금 [곧 ├ 곳] 갈게.

(4) [곧 ├ 곳] 개장을 앞둔 해수욕장 두 [곧 ├ 곳] 을 소개할게요.

새우다	VS	세우다
자지 않고 밤을 지내다.		몸을 곧게 펴거나 일어서게 하다. '서다'에서 온 말.

[활용] 새우고 / 새우어(새워) / 새웠다

[활용] 세우고 / 세우어(세워) / 세웠다

• 밤을 <u>새우다</u>.
→ 지내다

• 몇 밤을 꼬박 <u>새웠다</u>.
→ 지냈다

• 넘어진 아이를 일으켜 <u>세우다</u>.
→ 일어서게 하다

• 고개를 꼿꼿하게 <u>세워</u> 보세요.
→ 펴

🅱 암기b법

밤을 보내는 것은 '**새우다**'

그 외에는 몽땅 '**세우다**'

TIP 세우다: 멈추게 하다.
[예] 버스를 멈춰 세웠다.

✔ 바로체크

1 맞춤법에 맞게 낱말을 구분해서 쓰세요.

(1) [밤을 지냈다.] ▶ 공부를 하느라고 밤을 [윘 | 다].

(2) [일어서게 했다.] ▶ 선생님은 떠드는 아이들을 일으켜 [윘 | 다].

2 맞춤법에 맞는 낱말을 고르세요.

(1) 무릎을 [새우고] [세우고] 앉아라.

(2) 며칠 밤을 뜬눈으로 [새웠어요] [세웠어요].

(3) 어젯밤에 잠이 오지 않아 밤을 [새웠어] [세웠어].

TIP
(4) 건너편에 있는 주차장에 차를 [새워] [세워] 두었다.

암기b법을
소리 내어 읽어 보렴!

어떡해	VS	어떻게

'어떻게 해'의 준말.

상태, 형편 등이 어떠하게 또는 어찌하여.
'어떻다'에 '-게'가 붙은 말.

• 하기 싫은 걸 **어떡해**.
  → 어떻게 해
• 자꾸 책을 찢으면 **어떡해**.
  → 어떻게 해

• 그 아이의 얼굴이 **어떻게** 생겼니?
  → 어떠하게
• **어떻게** 그런 소문이 났을까?
  → 어찌하여

암기b법

문장 끝에 올 때는 '**어떡해**'

그 외에는 몽땅 '**어떻게**'

바로체크

1 맞춤법에 맞게 낱말을 구분해서 쓰세요.

(1) | 어떻게 해. | ▶ 시끄럽게 떠들면 [| |] .

(2) | 어찌하여. | ▶ [|] 그런 생각을 할 수 있니?

2 맞춤법에 맞는 낱말을 고르세요.

(1) 둘이 [**어떡해** ─ **어떻게**] 친해진 거니?

(2) 갑자기 약속을 미루면 [**어떡해** ─ **어떻게**] !

(3) [**어떡해** ─ **어떻게**] . 돈이 모자라서 살 수가 없어.

(4) 엄마, 김치찌개는 [**어떡해** ─ **어떻게**] 끓이는 거예요?

맞춤법 맞히기

1 맞춤법에 맞으면 ○표, 틀리면 ×표 하기

❶ 고개를 좌우로 <u>젓다</u>. ☐

❷ 국수가 <u>불어서</u> 맛이 없어. ☐

❸ 신발이 <u>헤어져</u> 새로 샀다. ☐

❹ <u>곧</u> 끝나니까 조금만 기다려. ☐

❺ 만화책을 읽다가 밤을 <u>세웠다</u>. ☐

❻ 친구네 집에서 이틀을 <u>묶었다</u>. ☐

❼ 담장 <u>너머</u>로 가지가 뻗어 있다. ☐

❽ 아빠는 티셔츠도 <u>달여</u> 입으신다. ☐

❾ 친구를 소파에 <u>앉히고</u> 쉬게 했다. ☐

❿ 좋아하는 가수가 몇 <u>거름</u> 앞에 있다. ☐

2 잘못 쓴 글자에 ×표 하고, 고쳐 쓰기

❶ 수건이 물에 ┃저┃었┃네┃.
→ ( )

❷ ┃결┃재┃는 상품권으로 할게요.
→ ( )

❸ 밥에 참기름을 ┃붇┃고┃ 비빌까?
→ ( )

❹ 교과서를 잃어버리면 ┃어┃떻┃게┃!
→ ( )

❺ 열쇠가 없어서 담을 ┃너┃머┃ 들어왔어.
→ ( )

❻ 이곳에 차를 ┃새┃워┃ 놓고 걸어갈까요?
→ ( )

❼ 사공이 노를 ┃젖┃다┃가┃ 갑자기 멈추었어.
→ ( )

❽ 돼지고기를 냄비에 ┃앉┃혀┃서┃ 삶아 먹었다.
→ ( )

❾ 정들었던 친구와 ┃해┃어┃지┃게┃ 돼서 무척
서운해. → ( )

❿ 날마다 한약을 정성스럽게 ┃다┃려┃서┃ 임금
님께 드렸다. → ( )

3 틀린 낱말에 밑줄 긋고, 바르게 고쳐 쓰기

❶ 곧 밥을 앉히러 가야 해.

→ (   )

❷ 수리비 결제는 어떡해 할까요?

→ (   )

❸ 봉지에 고춧가루를 붇고 끈으로 묶어.

→ (   )

❹ 구겨진 옷을 다린 뒤에는 약을 다려야 한다.

→ (   )

❺ 고개 넘어에 있는 밭에 가서 거름을 주고 왔다.

→ (   )

❻ 몇 걸음 안 걸었는데 벌써부터 힘들다고 하면 어떻게!

→ (   )

❼ 사장은 결제를 받으러 온 직원을 한참 동안 세워 두었다.

→ (   )

❽ 오랜만에 만난 친구와 해어지는 것이 슬퍼서 한참을 울었다.

→ (   )

❾ 며칠 밤을 세워서 공부를 했더니 감기에 걸려 목 안이 부었다.

→ (   )

❿ 우리 집에 묵으러 온 사촌 형은 다 헤어진 바지를 입고 있었다.

→ (   )

4 알맞은 낱말을 골라 문장 완성하기

❶ 곧 ┤ 곳

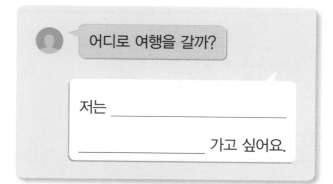

어디로 여행을 갈까?

저는 _____

_____ 가고 싶어요.

❷ 붇다 ┤ 붓다

은진: 왜 이렇게 늦게 왔어? 라면 끓인 게 언제인데.

석현: _____

_____

❸ 젓다 ┤ 젖다

맞춤법 능력 평가 1회

• **시험 범위**: 1~20DAY 맞춤법 어휘 총 120개

점수: / 100점

( ) 초등학교 ( )학년 ( )반 ( )번 이름 ( )

※ 문항 수(20문항)와 면수(4면)를 확인하시오.
※ 학교명, 학년, 반, 번호, 이름을 정확히 쓰시오.

01

낱말의 뜻으로 알맞지 <u>않은</u> 것은 무엇입니까? ( )

① **젖히다**: 뒤로 기울게 하다.
② **업다**: 뒤집거나 넘어지게 하다.
③ **벌리다**: 사이를 넓히거나 멀게 하다.
④ **바래다**: 볕이나 습기 때문에 색이 변하다.
⑤ **젓다**: 기구 등을 돌리거나 노나 손잡이를 움직이다.

02

뜻에 알맞은 낱말을 보기 에서 찾아 쓰시오.

> 보기
>
> | | | |
> |---|---|---|
> | 새다 | 세다 | 다리다 |
> | 달이다 | 거치다 | 걷히다 |

(1) 사물의 수를 헤아리다. ( )
(2) 구름이나 안개 등이 없어지다. ( )
(3) 우러나거나 진하게 되도록 끓이다.
( )

03

보기 에서 알맞은 말을 찾아 낱말의 뜻을 완성하시오.

> 보기
>
> | | | | |
> |---|---|---|---|
> | 꼭 | 길게 | 많이 | 지나 |

(1) **넘어**: 어떤 것을 ( ).
(2) **반드시**: 틀림없이 ( ).
(3) **늘이다**: 원래보다 더 ( ) 하다.

04

빈칸에 공통으로 들어갈 낱말은 무엇입니까? ( )

> • 거위가 알을 _____.
> • 개가 새끼를 _____.
> • 어제 고모가 아기를 _____.

① 나았다   ② 나왔다   ③ 낮았다
④ 낳았다   ⑤ 넣었다

05

빈칸에 '식히다'가 들어가기에 알맞은 것은 무엇입니까?
( )

① 뜨거운 차를 _____.
② 아이스크림을 _____.
③ 선생님께서 발표를 _____.
④ 할머니께서 심부름을 _____.
⑤ 엄마가 문제집을 풀라고 _____.

06

'맡다'와 '맞다'가 바르게 쓰인 것은 무엇입니까?　(　　　)

① 급식 당번을 맞았다.
② 답이 맡는지 확인해 주세요.
③ 나는 냄새를 잘 맞는 편이다.
④ 누구의 말이 맞는지 확인해 볼까?
⑤ 마당에서 눈을 맡으며 눈싸움을 했다.

07

빈칸에 들어갈 낱말이 바르게 짝 지어진 것은 무엇입니까?
(　　　)

① 아빠가 _____ 오실 거야. → 곳
② 회색 넥타이를 _____ 있다. → 메고
③ 물을 쏟아 옷이 다 _____. → 젖었다
④ 엄마는 내가 가수가 되기를 _____. → 바랬다
⑤ 친구가 공을 _____ 우리 집을 찾아왔다. → 같고

08

밑줄 친 낱말을 바르게 쓴 것은 무엇입니까?　(　　　)

① 풀어진 신발 끈을 묶었다.
② 준비물을 안 가져오면 어떡해?
③ 내가 산 볼펜과 틀린 색깔이네.
④ 삼촌께서 택배로 쌀을 붙이셨어요.
⑤ 문구점이 문을 닿아서 형광펜을 못 샀다.

09

맞춤법에 맞지 않는 낱말이 들어 있는 문장의 기호를 쓰시오.

> ㉮ 지하철역에서 엄마와 해어졌다.
> ㉯ 물살을 헤치고 앞으로 나아갔다.
> ㉰ 비사치기는 작은 돌을 세워 놓고 이를 맞혀 쓰러
> 뜨리는 놀이이다.

(　　　　　　)

10

밑줄 친 낱말을 바르게 고쳐 쓰지 못한 것은 무엇입니까?
(　　　)

① 햇살에 눈이 부수다. → 부시다
② 머리를 단정하게 빗다. → 빗다
③ 볼에 붙은 밥풀을 때다. → 띠다
④ 농부가 밭에 걸음을 뿌리다. → 거름
⑤ 실수로 색종이를 찢어 버렸어. → 찢어

11

다음 글에서 밑줄 친 낱말을 바르게 고쳐 쓰시오.

> 사람들은 먼 옛날부터 자연을 이용하며 살았다. 페루의 티티카카 호수에 살고 있는 사람들은 '토토라'라는 갈대를 배어서 '우로스'라는 섬을 만들었다. '우로스'는 물 위에 갈대를 겹겹이 쌓아 만든 인공 섬으로, 그 위에 갈대로 집이나 학교 등을 지어 생활하고 있다.

(　　　　　　　　　)

12

다음 시에서 맞춤법에 맞지 않는 낱말을 찾아 바르게 고쳐 쓰시오.

> ### 사과
> 윤동주
>
> 붉은 사과 한 개를
> 아버지, 어머니,
> 누나, 나, 넷이서
> 껍데기째로 송치*까지
> 다ー 나눠 먹었소.
>
> *송치: 씨가 들어 있는 과일의 속 부분.

(　　　　　　) → (　　　　　　)

[13~14] 다음 글을 읽고, 물음에 답하시오.

> ㉠대부분의 전갈은 독을 갖고 있지만 찔리면 조금 아프거나 살짝 붇기만 할 뿐, 크게 다치지 않는다. 그리고 일부러 전갈을 건드리지만 않으면 사람을 먼저 공격하는 일도 [㉡]. 하지만 일부 전갈은 사람의 목숨을 빼앗아 갈 정도의 강한 독을 가지고 있는데, 이런 독을 가진 전갈의 독침에 찔리면 호흡 곤란이나 *경련을 일으키며 두 시간 안에 목숨을 잃는다.
>
> *경련: 근육이 갑자기 움츠러들거나 떨리는 증상.

13

㉠을 고치는 방법으로 알맞은 것은 무엇입니까?　（　　）

① '갖고'를 '같고'로 고친다.
② '갖고'를 '깁고'로 고친다.
③ '다치지'를 '걷히지'로 고친다.
④ '다치지'를 '닫히지'로 고친다.
⑤ '붇기만'을 '붓기만'으로 고친다.

14

㉡에 들어갈 낱말로 알맞은 것은 무엇입니까?　（　　）

① 엄다　　　　② 얼다
③ 업다　　　　④ 없다
⑤ 엎다

[15~16] 다음 글을 읽고, 물음에 답하시오.

> 피아노 학원에서 돌아오니 엄마가 부엌에서 저녁을 준비하고 계셨다.
> "엄마, 오늘 저녁은 뭐예요?"
> "네가 제일 좋아하는 시금치나물과 불고기야."
> 엄마가 그릇에 참기름과 소금을 넣고 시금치를 ㉠무치면서 말씀하셨다.
> 나는 시금치무침을 보는 순간 참지 못하고 젓가락으로 [㉡] 먹었다. 정말 맛있었다.

15

㉠에 대한 설명으로 알맞은 것은 무엇입니까?　（　　）

① 기본형은 '묻히다'이다.
② 공간을 나타내는 말이다.
③ '묻히면서'로 고쳐야 한다.
④ '양념을 넣고 섞으면서.'라는 뜻이다.
⑤ '들러붙거나 흔적이 남게 하면서.'라는 뜻이다.

16

㉡에 들어갈 낱말을 보기 에서 골라 알맞은 형태로 바꾸어 쓰시오.

보기
젓다	젖다	집다	짚다

（　　　　　）

[17~18] 다음 글을 읽고, 물음에 답하시오.

"주형아, ㉠이따가 학원 가기 전에 잠깐 피시방에 들를까?"

키가 ㉡적은 지완이가 내 옆에 앉으며 말했다.

"안 돼. 엄마가 학교 끝나면 바로 학원으로 가라고 하셨어."

"에이, 잠깐만인데 뭐. 그동안 쌓인 스트레스 풀러 가자. 알았지? 암튼 나랑 같이 가는 거야. 약속 ㉢잃지 마."

지완이가 자꾸 보채는 바람에 나는 할 수 없이 약속을 하고 말았다.

학교가 끝나고 피시방에 간 우리는 주인 아저씨가 ㉣가르치는 쪽에 앉았다. 엄마에게 혼날까 봐 마음을 ㉤조렸지만 게임을 하다 보니 정말 지완이 말처럼 스트레스가 풀리는 것 같았다.

17

이 글에 쓰인 낱말 중 다음 뜻을 가진 것은 무엇입니까? ( )

> 잠깐 머무르다.

① 풀다 ② 끝나다
③ 들르다 ④ 쌓이다
⑤ 보채다

18

㉠~㉤ 중에서 맞춤법에 맞는 것은 무엇입니까? ( )

① ㉠: 이따가 ② ㉡: 적은
③ ㉢: 잃지 ④ ㉣: 가르치는
⑤ ㉤: 조렸지만

[19~20] 다음 글을 읽고, 물음에 답하시오.

맹그로브는 열대 지역에서 자라는 나무예요. 맹그로브는 평소에 물속에 잠겨 있다가 한 달에 한 번 정도 썰물로 물이 빠지면 뿌리를 ㉠____. 그런데 맹그로브에 가까이 다가가면 마치 음식이 ㉡____ 듯한 고약한 냄새가 나요. 왜냐하면 맹그로브가 육지의 오염 물질을 걸러 주기 때문이에요. 맹그로브 덕분에 열대 지역의 바다나 강은 깨끗한 상태를 유지할 수 있어요. 게다가 맹그로브 숲은 탄소 저장 능력이 뛰어나 환경에 매우 중요한 역할을 ㉢맡고 있답니다.

19

㉠과 ㉡에 들어갈 낱말이 알맞게 짝 지어진 것은 무엇입니까? ( )

	㉠	㉡
①	드러내요	섞은
②	드러내요	썩은
③	드러내요	씻은
④	들어내요	섞은
⑤	들어내요	썩은

20

㉢을 넣어 문장을 만들어 쓰시오.(낱말의 형태는 바꿀 수 있음.)

_____

_____

혼동하기 쉬운 말

안 vs 앉-

떡 싫어. (안 | 앉) 먹을래.

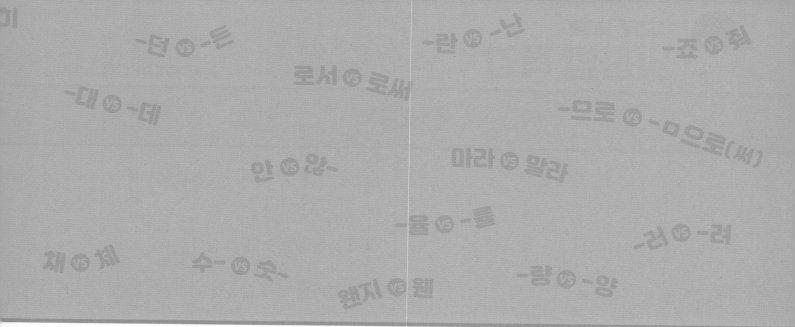

문맥에 맞게 써야 하는데

'안'과 '않-'처럼 엇비슷해서

혼동하기 쉬운 말이 많아요.

앞으로 더 이상 헷갈리지 않도록

기적쌤과 함께 똑소리 나게 공부해 보세요!

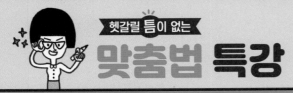

맞춤법 특강

헷갈림 지수 😐😐😐😐😐

안	VS	않-
'아니'의 준말.		'아니하-'의 준말.

- 겨울인데 별로 **안** 춥다.
  → 아니
- 시금치는 **안** 먹을래요.
  → 아니

- 겨울인데 별로 춥지 **않다**.
  → 아니하다
- 시금치는 먹지 **않을래요**.
  → 아니할래요

암기b법

'**아니**'가 줄어서 '**안**'

'**아니하-**'가 줄어서 '**않-**'

➜ **TIP** '안' 다음은 띄어 써.

➜ **TIP** 문장 끝에서 '~지 않다.'의 형태로 쓸 때가 많아.

바로 체크

1 맞춤법에 맞게 낱말을 구분해서 쓰세요.

(1) 아니. ➤ 달고나 만들기는 [ ] 어렵다.

(2) 아니하-. ➤ 달고나 만들기는 어렵지 [| 다].

2 맞춤법에 맞는 낱말을 고르세요.

(1) 엄마는 지금 집에 [안 ┤ 않] 계세요.

(2) 배가 아파서 밥을 먹지 [안았다 ┤ 않았다].

(3) 기분이 나빠서 말을 한마디도 [안 ┤ 않] 했다.

(4) 동생이 간식을 나누어 주지 [안아서 ┤ 않아서] 약 올라.

헷갈림 지수 😐😐😐😐😐

-던	VS	-든

-던

과거의 일을 나타내는 말.

• **즐거웠던** 초등학교 시절이 그립다.
→ 과거

• **하던** 일을 멈추고 밥부터 먹자.
→ 과거

🔑 **암기b법**

○○했**던 과거**를 나타낼 때는
'**-던**'

-든

무엇을 선택해도 상관없음을 나타내는 말.
'-든지'의 준말.

• **노래든 춤이든** 자유롭게 하세요.
→ 선택

• **먹든지 말든지** 마음대로 해라.
→ 선택

어쨌**든**, 어떻**든** 무엇을 **선택**해도 괜찮으면
'**-든**'

1 맞춤법에 맞게 낱말을 구분해서 쓰세요.

(1) 무엇을 선택해도 상관없음. ▸ 사과 ☐ 배 ☐ 아무거나 주세요.

(2) 과거의 일. ▸ 이건 누나가 | 사 | 용 | 했 | | 가방이야.

2 맞춤법에 맞는 낱말을 고르세요.

(1) [파랗던]―[파랗든] 사과가 빨갛게 익었다.

(2) 나는 네가 어디를 [가던]―[가든] 따라갈 거야.

(3) 내가 [좋아했던]―[좋아했든] 친구가 어제 전학을 갔어.

(4) 어떤 일을 [하던지]―[하든지] 자기가 좋아하는 일을 하는 게 중요해.

로서	VS	로써
자격이나 신분을 나타내는 말.		재료나 방법을 나타내는 말.

- 언니는 **딸로서** 부족함이 없는 사람이다.
  → 자격
- 그런 행동은 **학생으로서** 하지 않아야 해.
  → 신분

- **콩으로써** 메주를 만든다.
  → 재료
- **말로써** 천 냥 빚을 갚는다고 했어요.
  → 방법

암기b법

'**로서**'는 **자격**이니까
'**서자!**'라고 외워.

'**로써**'는 **방법**이니까
'**써방~**'이라고 외워.

> **TIP** 로써: 어떤 일의 기준이 되는 시간임을 나타내는 말.
> 예 오늘로써 초등학교를 졸업한다.

바로체크

1 맞춤법에 맞게 낱말을 구분해서 쓰세요.

(1) | 자격. | ▶ 네 친구 [　｜　] 하는 말이니까 잘 들어 봐.

(2) | 방법. | ▶ 친구 사이에 오해가 생기면 대화 [　｜　] 풀어야지.

2 맞춤법에 맞는 낱말을 고르세요.

(1) | 나로서는 ┤ 나로써는 | 도저히 네 행동이 이해가 되지 않아.

(2) | 사람으로서 ┤ 사람으로써 | 당연히 해야 할 일을 한 거예요.

TIP
(3) 우리 가족이 이민을 온 지 | 올해로서 ┤ 올해로써 | 3년이 된다.

(4) 그 선수는 뛰어난 | 실력으로서 ┤ 실력으로써 | 세계를 놀라게 했다.

헷갈림 지수 😐😐😐😐😐

소리 내어 읽어 보렴!
살짝 헷갈리다가도
딱, 감이 잡힐 거야.

왠지	VS	웬

왜 그런지 모르게. '왜인지'의 준말.	어찌 된. 어떠한.

- 오늘은 **왠지** 공부가 잘된다.
  → 왜인지
- 아버지는 **왠지** 만족한 표정이 아니셨다.
  → 왜인지

- **웬** 걱정이 그리 많니?
  → 어찌 된
- 골목에서 **웬** 고양이 한 마리가 튀어나왔다.
  → 어떠한

암기b법

'**왜인지**'가 줄어서 '**왠지**'

'**왜**'와 **관련 없는** 말은 '**웬**'

TIP '웬일', '웬만큼', '웬만하면', '웬걸'도 함께 알아 두자.

바로체크

1 맞춤법에 맞게 낱말을 구분해서 쓰세요.

(1) 어찌 된. ▸ 어머, 이게 [ ] 떡이야?

(2) 왜인지. ▸ 너는 [   ] 떡을 좋아할 것 같았어.

2 맞춤법에 맞는 낱말을 고르세요.

(1) 문밖에 [왠 — 웬] 낯선 사람이 서 있었다.

(2) 오늘따라 [왠지 — 웬지] 동생이 예뻐 보였다.

(3) 오늘 운동장에 [왠 — 웬] 사람이 이렇게 많지?

TIP
(4) [왠만큼 — 웬만큼] 쉬었으면 이제 다시 청소를 시작하자.

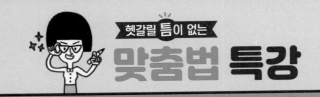
되-	VS	돼-

'되다'의 '되-'	'되어'의 준말.

기 되다 **활용** 되어 / 되고 / 되었다   **활용** 돼서(되어서) / 됐고(되었고) / 됐다(되었다)

- 공부해야 **되는데** 어디 가니?
  → 되(다) + -는데
- 나는 커서 비행기 조종사가 **되고** 싶어.
  → 되(다) + -고

- 얼음이 물이 **돼** 있었어.
  → 되어
- 지각을 하면 안 **돼요**.
  → 되어요

암기b법

'**되**' 자리에 '**하**'를 넣어 말이 되면 '**되-**'
되는데 → **하**는데 / **되**고 → **하**고

'**돼**' 자리에 '**해**'를 넣어 말이 되면 '**돼-**'
돼 → **해** / 안 **돼** → 안 **해**

바로체크

1 맞춤법에 맞게 낱말을 구분해서 쓰세요.

(1) ┌─ 해. ─┐ ▶ 내일 아침에 아홉 시까지 오면 [　　].

(2) ┌─ 하니까. ─┐ ▶ 조금만 더 올라가면 [　|니|까] 힘을 내세요.

2 맞춤법에 맞는 낱말을 고르세요.

(1) 도서관에서 떠들면 안 [되 ┤ 돼].

(2) 모든 게 생각대로 [되어 ┤ 돼어] 간다.

(3) 아빠는 열 시가 [되서 ┤ 돼서] 돌아오셨다.

(4) 프로 야구 선수가 [되고 ┤ 돼고] 싶으면 더 열심히 노력해야 해.

헷갈림 지수 ☺☺☺☺☺

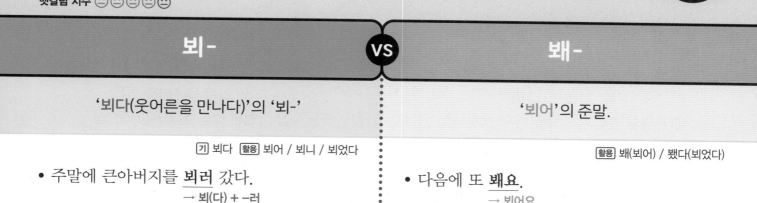

| 뵈- | VS | 봬- |

'뵈다(웃어른을 만나다)'의 '뵈-'

'뵈어'의 준말.

[기] 뵈다 [활용] 뵈어 / 뵈니 / 뵈었다

[활용] 봬(뵈어) / 뵀다(뵈었다)

• 주말에 큰아버지를 **뵈러** 갔다.
　→ 뵈(다) + -러

• 그분을 **뵈면** 돌아가신 할머니가 생각나.
　→ 뵈(다) + -면

• 다음에 또 **봬요**.
　→ 뵈어요

• 오랜만에 유치원 때 선생님을 **뵀다**.
　→ 뵈었다

암기b법

'뵈' 자리에 '**하**'를 넣어 말이 되면 '**뵈-**'
뵈러 → **하**러 / **뵈**면 → **하**면

'봬' 자리에 '**해**'를 넣어 말이 되면 '**봬-**'
봬요 → **해**요 / **뵀**다 → **했**다

바로체크

1 맞춤법에 맞게 낱말을 구분해서 쓰세요.

(1) 해요. ▶ 내일 학교에서 [　|요].

(2) 하니. ▶ 오랜만에 이모를 [　|니] 무척 반가웠어요.

2 맞춤법에 맞는 낱말을 고르세요.

(1) 내일 이 시간에 다시 [뵈요 | 봬요].

(2) 선생님, 주말에 [뵐 | 봴] 수 있을까요?

(3) 오늘 처음 미국에 살고 계신 고모를 [뵀다 | 봤다].

(4) 지난번에 [뵈었을 | 봬었을] 때보다 살이 빠지셨네요.

-대	VS	-데
'-다고 해'의 준말. 남의 말을 간접적으로 전할 때 쓰는 말.		'-더라'의 뜻을 전하는 말. 직접 경험한 것을 말할 때 쓰는 말.

• 친구가 어제 그 영화 봤는데 **재미있대**.
　　　　　　　　　　　→ 재미있다고 해

• 우리 다음 달에 졸업 여행 **간대**.
　　　　　　　　　→ 간다고 해

• 어제 그 영화 진짜 **무섭데**.
　　　　　　　→ 무섭더라

• 네가 추천한 메뉴가 아주 **맛있데**.
　　　　　　　　　→ 맛있더라

암기b법

'-**다고 해**'가 줄어서 '-**대**'

'-**더라**'의 뜻을 전할 땐 '-**데**'

바로체크

1 맞춤법에 맞게 낱말을 구분해서 쓰세요.

(1) 　-다고 해.　 ▶ 동생도 함께 | 가 | 겠 | | .

(2) 　-더라.　 ▶ 그 친구는 노래를 참 | 잘 | 하 | | .

2 맞춤법에 맞는 낱말을 고르세요.

(1) 엄마가 너보고 참 　**착하대**　—　**착하데**　.

(2) 조금 전에 보니까 정이가 참 바쁜 것 　**같대**　—　**같데**　.

(3) 내가 먹어 봤는데 그 집 떡볶이 참 　**맛있대**　—　**맛있데**　.

(4) 의사 선생님이 그러시는데 나 이제 　**괜찮대**　—　**괜찮데**　.

앙기b법을
소리 내어 읽어 보렴!

대로	VS	데로
어떤 모양이나 상태 그대로.		어떤 곳으로.

• 하던 **대로** 하면 됩니다.
  → 그대로

• 본 **대로** 말씀하세요.
  → 그대로

• 어제 갔던 **데로** 갑시다.
  → 곳으로

• 구멍 난 **데로** 손가락을 넣어 보세요.
  → 곳으로

암기b법

그 **상태**, 그대로 '대로'	다른 **장소**, 다른 데 '데로'

TIP 대로: 그 즉시.
예 집에 오는 대로 숙제부터 해.

바로체크

1 맞춤법에 맞게 낱말을 구분해서 쓰세요.

(1) 그대로. ▶ 하고 싶은 [   ] 하세요.

(2) 곳으로. ▶ 수영복을 파는 [   ] 가자.

2 맞춤법에 맞는 낱말을 고르세요.

(1) 편지가 다른 [대로 ┤ 데로] 배달됐어요.

TIP
(2) 물건을 찾는 [대로 ┤ 데로] 바로 연락드리겠습니다.

(3) 여기는 너무 추우니까 따뜻한 [대로 ┤ 데로] 들어가자.

(4) 연습한 [대로만 ┤ 데로만] 하면 일 등을 할 수 있을 거야.

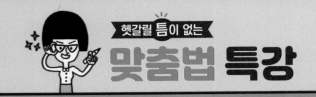
-이에요	VS	-예요
받침이 있는 말 뒤에서 설명, 의문의 뜻을 나타내는 말.		'-이에요'의 준말. 받침이 없는 말 뒤에 쓰임.

- 오늘 저녁은 빵**이에요**?
  → 받침이 있는 말

- 해를 가리고 있는 것은 구름**이에요**.
  → 받침이 있는 말

- 오늘 저녁은 국수**예요**?
  → 받침이 없는 말

- 구름 뒤에 있는 것은 해**예요**.
  → 받침이 없는 말

암기b법

(받침이 있는) 꽃**이에요**.

(받침이 없는) 꼬치**예요**.

> **TIP** '아니에요'는 '아니(다) + −에요'이므로 '아니예요'로 쓰지 않도록 주의해야 해.

바로체크

1 맞춤법에 맞게 낱말을 구분해서 쓰세요.

(1) 사과 + -이에요 ▶ 내가 좋아하는 과일은 ☐☐☐☐ .

(2) 귤 + -이에요 ▶ 내가 좋아하는 과일은 ☐☐☐☐ .

2 맞춤법에 맞는 낱말을 고르세요.

(1) 엄마, 지금 [어디예요] [어디에요] ?

(2) 제가 지금 찾고 있는 것은 [반지예요] [반지에요] .

(3) 오늘은 제가 오래전부터 기다리던 [날예요] [날이에요] .

TIP
(4) 바나나는 우리 가족이 좋아하는 과일이 [아니예요] [아니에요] .

헷갈림 지수 ☺☺☺☺☺

-이었다	VS	**-였다**
문장 끝에서 과거를 나타내는 말. 받침이 있는 말 뒤에 쓰임.		'-이었다'의 준말. 받침이 없는 말 뒤에 쓰임.

• 예전에는 여기가 모두 돌밭**이었다**.
→ 받침이 있는 말

• 분명히 어디서 본 적이 있는 얼굴**이었다**.
→ 받침이 있는 말

• 어제 집에 오신 분은 이모**였다**.
→ 받침이 없는 말

• 삼촌은 예전에 유명한 배우**였다**.
→ 받침이 없는 말

암기b법

(받침이 있는) 목**이었다**.

(받침이 없는) 모기**였다**.

바로체크

1 맞춤법에 맞게 낱말을 구분해서 쓰세요.

(1) 토끼 + -이었다 ▸ 내가 키웠던 동물은 〔　｜　｜　｜　〕.

(2) 뱀 + -이었다 ▸ 내가 키웠던 동물은 〔　｜　｜　｜　〕.

2 맞춤법에 맞는 낱말을 고르세요.

(1) 오늘은 하루 종일 흐린 │ 날씨였다 ├ 날씨이였다 │.

(2) 내가 너를 만난 건 정말 │ 행운이였다 ├ 행운이었다 │.

(3) 바다에서 수영을 하는 것은 힘든 │ 일이었다 ├ 일이였다 │.

(4) 삼촌은 예전에 만 평이 넘는 땅을 가진 │ 부자였다 ├ 부자이였다 │.

-오	VS	-요
문장 끝에 쓰는 말로 생략 불가능.		문장 끝에서 상대를 높이는 말로 생략 가능. 혹은 무엇을 나열할 때 쓰는 말.

- 안녕히 **가십시오.**
  → 가십시(×)
- 이것은 내가 쓴 **글이오.**
  → 글이(×)

- 우리 반이 이겨서 기분이 **좋아요.**
  → 좋아(○)
- 이것은 **손이요,** 저것은 발이다.
  → 나열

암기b법

끝에 꼭 쓰시**오.**
'-**오**'

높이거나 나열할 때 써**요.**
'-**요**'

TIP 대답할 때는 '아니오'가 아니라 '아니요'라고 해야 해.
예 숙제했니? – <u>아니요.</u>

바로체크

1 맞춤법에 맞게 낱말을 구분해서 쓰세요.

(1) 문장 끝. 생략 불가능. ▶ 손잡이를 꼭

잡	으	시	

.

(2) 나열. ▶ 이것은

책	이	

, 저것은 공책이다.

2 맞춤법에 맞는 낱말을 고르세요.

(1) 이곳에 쓰레기를 버리지 | **마시오** | **마시요** | .

TIP
(2) 다음 물음에 '예', ' | **아니오** | **아니요** | '로 답하세요.

(3) 신호등에 빨간불이 켜지면 | **멈추시오** | **멈추시요** | .

(4) 나는 부모님께는 | **큰딸이오** | **큰딸이요** | , 동생에게는 언니이다.

먼저 문장 끝에
쓰이는지 중간에 쓰이는지
살펴보렴.

마라 기 말다	VS	말라 기 말다
직접적으로 명령할 때 쓰는 말.		책 등에서 간접적으로 명령하거나 명령을 인용할 때 쓰는 말.

- 수업 시간에는 떠들지 **마라**.
  → 직접 명령
- 밥 먹기 전에는 간식을 먹지 **마라**.
  → 직접 명령

- 길이 아니면 가지를 **말라**.
  → 간접 명령
- 동생은 나에게 참견하지 **말라**고 했다.
  → 인용

암기b법

너에게 **직접** 명령한다!
마라탕을 먹지 **마라**!

'전쟁을 하지 **말라**'라고 쓰인 팻**말(간접)**
지각하지 **말라**는 선생님의 **말**씀

TIP '마라'는 '마' 또는 '말아라'라고 쓸 수도 있어.

바로체크

1 맞춤법에 맞게 낱말을 구분해서 쓰세요.

(1) | 직접 명령. | ▶ 다 잘될 테니까 걱정하지 ☐ .

(2) | 간접 명령. | ▶ 벽에 '흑인을 차별하지 ☐ '라고 썼다.

2 맞춤법에 맞는 낱말을 고르세요.

(1) 야, 제발 짝꿍이랑 싸우지 좀 [마라 ├ 말라].

(2) 동생은 하지 [마라는 ├ 말라는] 짓만 골라서 한다.

TIP
(3) 너는 우리 반 회장이니까 나쁜 행동은 하지 [말라 ├ 말아라].

(4) 엄마는 나에게 다시는 거짓말을 하지 [마라고 ├ 말라고] 하셨다.

1 맞춤법에 맞으면 ○표, 틀리면 ✕표 하기

❶ 오늘은 제 <u>생일이예요</u>. ☐

❷ 다시 <u>뵐</u> 날을 기다렸습니다. ☐

❸ 배가 아파서 밥을 <u>안</u> 먹었어. ☐

❹ 조용한 <u>데로</u> 가서 이야기하자. ☐

❺ 이것은 <u>당근이오</u>, 저것은 호박이다. ☐

❻ 너희 오늘부터는 진짜 지각하지 <u>마라</u>. ☐

❼ <u>입던</u> 옷을 벗고 새 옷으로 갈아입었다. ☐

❽ 문밖에서 소리를 낸 동물은 <u>호랑이였다</u>. ☐

❾ 이제 곧 봄인데 <u>왠</u> 눈이 이렇게 많이 오지? ☐

❿ <u>회장으로써</u> 해야 할 일을 하지 않은 것 같아 후회돼. ☐

2 잘못 쓴 글자에 ✕표 하고, 고쳐 쓰기

❶ 어서 | 오 | 십 | 시 | 요 |.

➜ (　　　　　)

❷ 네가 준비한 | 데 | 로 | 발표해.

➜ (　　　　　)

❸ 오늘 저녁 메뉴는 카레 | 에 | 요 |.

➜ (　　　　　)

❹ 민주가 오늘 우리랑 못 | 논 | 데 |.

➜ (　　　　　)

❺ 봄이 | 돼 | 면 | 개나리가 필 거야.

➜ (　　　　　)

❻ 내 짝은 | 웬 | 지 | 가깝게 느껴지지 않아.

➜ (　　　　　)

❼ 네가 무엇을 | 선 | 택 | 하 | 던 | 상관없어.

➜ (　　　　　)

❽ 숙제를 하지 | 안 | 아 | 서 | 꾸중을 들었다.

➜ (　　　　　)

❾ 절대 움직이지 | 마 | 라 | 고 | 했는데 왜 움직이니?

➜ (　　　　　)

❿ 엄마는 마음을 울리는 편지 | 로 | 서 | 나를 설득하셨다.

➜ (　　　　　)

3 틀린 낱말에 밑줄 긋고, 바르게 고쳐 쓰기

❶ 집에 오는 데로 뭐든지 먹어라.

→ (　　　　　　　　)

❷ 어서 오세요. 식사 준비는 다 됐습니다.

→ (　　　　　　　　)

❸ 웬만하면 악기 하나 정도는 배우십시요.

→ (　　　　　　　　)

❹ 따뜻한 봄이 오면 할아버지를 봬러 갈 거예요.

→ (　　　　　　　　)

❺ 나는 웬지 부모님께 자식으로서 많이 부족한 것 같아.　　　　　→ (　　　　　　　　)

❻ 선생님들이 모여 계신 대로 가 담임 선생님을 뵀어요.　　　　　→ (　　　　　　　　)

❼ 오늘로써 시험에 세 번 떨어졌으니 이제 시험은 않 보겠다.　　　　→ (　　　　　　　　)

❽ 아까 보니까 너희는 남자든 여자든 상관하지 않고 잘 놀대.　　　→ (　　　　　　　　)

❾ 선생님께서 그러시는데, 이 망치는 플라스틱으로 되 있대.　　　→ (　　　　　　　　)

❿ 지수야, 엄마가 우리한테 하지 말라고 하신 것은 게임이였어.　　　→ (　　　　　　　　)

4 알맞은 낱말을 골라 문장 완성하기

❶ 안 ― 않―

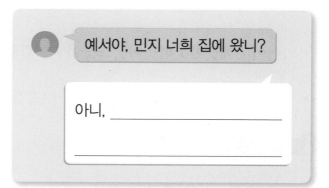

예서야, 민지 너희 집에 왔니?

아니, _____

_____

❷ 아니오 ― 아니요

엄마: 네가 유리창을 깼지?

민서: _____

❸ 로서 ― 로써

제○○회 올림픽 대회

_____

_____

_____

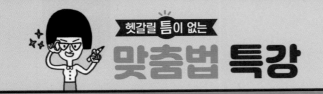

헷갈릴 틈이 없는 맞춤법 특강

헷갈림 지수 ☺☺☺☺☺

-이	VS	-히

*끝음절 소리가 [이]로만 나는 경우에 붙이는 말.

끝음절 소리가 [히]로만 나거나 [이]나 [히]로 나는 경우에 붙이는 말.

- 가까이 / 깨끗이 / 따뜻이 / 느긋이 / 어렴풋이
  [가까이]
- 번번이 / 틈틈이 / 곰곰이 / 집집이 / 일일이
  [번번이 → 번버니]

- 가득히 / 정확히 / 엄격히 / 급히 / 특히
  [가득히 → 가드키]
- 가만히 / 열심히 / 꾸준히 / 꼼꼼히 / 솔직히
  [가만이 → 가마니], [가만히]

암기b법

[이]에는 '-이'

[이][히]에는 '-히'

↳ * '가까이'의 [가], [까], [이]와 같이 한 번에 소리 낼 수 있는 소리 마디를 '음절'이라고 해. '가까이'의 끝음절은 [이]야.

↳ **TIP** '-이'와 '-히'는 구별하기 힘들기 때문에 자주 쓰는 낱말을 통째로 외워 두는 것이 좋아.

바로체크

1 맞춤법에 맞게 낱말을 구분해서 쓰세요.

(1) [깨끄시] ▸ 식탁을 | 깨 | 끗 | | 닦았다.

(2) [꾸주니] [꾸준히] ▸ | 꾸 | 준 | | 연습하면 잘할 수 있을 거야.

2 맞춤법에 맞는 낱말을 고르세요.

(1) 우유를 **따뜻이** ┤ **따뜻히** 데워 먹었다.

(2) 세부 일정을 **꼼꼼이** ┤ **꼼꼼히** 확인했다.

(3) 가족여행을 가려고 차에 기름을 **가득이** ┤ **가득히** 채웠다.

(4) 우리 가족은 **틈틈이** ┤ **틈틈히** 시간을 내서 봉사 활동을 한다.

헷갈림 지수 ☺☺☺☺☺

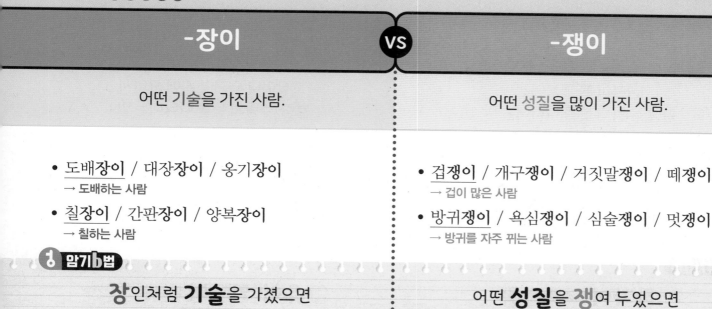

-장이	VS	-쟁이
어떤 기술을 가진 사람.		어떤 성질을 많이 가진 사람.

• 도배장이 / 대장장이 / 옹기장이
  → 도배하는 사람
• 칠장이 / 간판장이 / 양복장이
  → 칠하는 사람

• 겁쟁이 / 개구쟁이 / 거짓말쟁이 / 떼쟁이
  → 겁이 많은 사람
• 방귀쟁이 / 욕심쟁이 / 심술쟁이 / 멋쟁이
  → 방귀를 자주 뀌는 사람

암기b법

장인처럼 기술을 가졌으면
'-장이'

어떤 성질을 쟁여 두었으면
'-쟁이'

1 맞춤법에 맞게 낱말을 구분해서 쓰세요.

바로체크

(1) 성질을 많이 가진 사람. ▶ 동생은 소문난 | 개 | 구 | | | 야.

(2) 기술을 가진 사람. ▶ | 대 | 장 | | 가 낫을 만들고 있다.

2 맞춤법에 맞는 낱말을 고르세요.

(1) 삼촌은 옷을 잘 차려입는 [멋장이 ┤ 멋쟁이] 이다.

(2) [거짓말장이 ┤ 거짓말쟁이] 의 말은 믿지 않을 거야.

(3) [옹기장이 ┤ 옹기쟁이] 는 진흙으로 그릇을 만들었다.

(4) 아빠는 [도배장이 ┤ 도배쟁이] 를 부르지 않고 직접 도배를 하셨다.

-량	VS	-양
한자어 뒤에 붙어서 분량, 수량의 뜻을 나타내는 말.		고유어나 외래어 뒤에 붙어서 분량, 수량의 뜻을 나타내는 말.

- 강수(降水)**량** / 독서(讀書)**량** / 생산(生産)**량**
  → 한자어
- 식사(食事)**량** / 운동(運動)**량** / 학습(學習)**량**

- 쓰레기**양** / 구름**양** / 소금**양**
  → 고유어
- 칼로리**양** / 데이터**양** / 에너지**양**
  → 외래어

암기b법

한자어 뒤에는 '**-량**'
'**한량**'이라고 외워.

고유어, 외래어 뒤에는 '**-양**'
'**고래양**'이라고 외워.

1 맞춤법에 맞게 낱말을 구분해서 쓰세요.

(1) 운동(運動)의 양. ▶ 살을 빼려면 | 운 | 동 | | 을 늘려야 해.

(2) 소금의 양. ▶ 음식에 넣는 | 소 | 금 | | 을 줄여야 해.

2 맞춤법에 맞는 낱말을 고르세요.

(1) 오늘은 전국적으로 [구름량 ┤ 구름양] 이 많겠습니다.

(2) 시험을 일주일 앞두고 [학습량 ┤ 학습양] 을 늘리기로 했다.

(3) 우리나라는 북쪽에서 남쪽으로 갈수록 [강수량 ┤ 강수양] 이 많다.

(4) 사람이 필요로 하는 [에너지량 ┤ 에너지양] 은 성별, 나이 등에 따라 다르다.

헷갈림 지수 ☺☺☺☺☺

한자어냐 고유어&외래어냐, 그것이 문제로다.

-란	VS	-난
한자어 뒤에 붙어서 '구분된 지면'의 뜻을 나타내는 말.		고유어나 외래어 뒤에 붙어서 '구분된 지면'의 뜻을 나타내는 말.

- 광고(廣告)란 / 경제(經濟)란 / 독자(讀者)란
  → 한자어
- 정답(正答)란 / 학습(學習)란 / 비고(備考)란

- 어린이난 / 생각난
  → 고유어
- 스포츠난 / 칼럼난
  → 외래어

암기b법

한자어 뒤에는 '-란'
'**한란**'이라고 외워.

고유어, 외래어 뒤에는 '-난'
'**고래난**'이라고 외워.

바로 체크

1 맞춤법에 맞게 낱말을 구분해서 쓰세요.

(1) 광고(廣告) 지면. ▶ 아빠가 만드신 제품이 | 광 | 고 | | 에 소개되었다.

(2) 스포츠(sports) 지면. ▶ 신문을 볼 때 | 스 | 포 | 츠 | | 을 제일 먼저 봐.

2 맞춤법에 맞는 낱말을 고르세요.

(1) [정답난 ├ 정답란] 에 숫자만 써 주세요.

(2) 동생의 글이 [독자난 ├ 독자란] 에 실렸다.

(3) 나는 신문의 [칼럼난 ├ 칼럼란] 은 내용이 어려워서 읽지 않아.

(4) 내가 그린 그림이 잡지의 [어린이난 ├ 어린이란] 에 실렸으면 좋겠어.

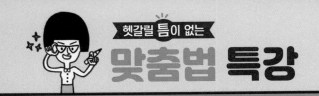

헷갈릴 틈이 없는 맞춤법 특강

헷갈림 지수 😐😐😐😐😐

-율	VS	-률
모음으로 끝나는 말과 ㄴ 받침 뒤에서 '비율'의 뜻을 더하는 말.		ㄴ 받침을 제외한 받침 뒤에서 '비율'의 뜻을 더하는 말.

- 증가율 / 감소율 / 투표율 / 소화율
  → 모음으로 끝나는 말
- 할인율 / 출산율 / 생존율 / 백분율
  → ㄴ 받침

- 경쟁률 / 성장률 / 이용률 / 사망률
  → ㅇ 받침
- 출석률 / 입학률 / 취업률 / 응답률
  → ㄱ 받침   → ㅂ 받침

암기b법

모음이나 ㄴ 받침 뒤에는 '-율'
'**모음은 율**'이라고 외워.

그 외에는 몽땅 '-률'

1 맞춤법에 맞게 낱말을 구분해서 쓰세요.

(1) 출석하는 비율. ▶ 우리 반은 | 출 | 석 | | 이 좋지 않아.

(2) 증가하는 비율. ▶ 인구 | 증 | 가 | | 이 계속 감소하고 있다.

2 맞춤법에 맞는 낱말을 고르세요.

(1) 여성 [취업률]─[취업율] 이 증가하고 있다.

(2) 이번 선거의 [투표률]─[투표율] 은 지난번보다 낮았다.

(3) 기름값이 올라서 대중교통 [이용률]─[이용율] 이 높아졌다.

(4) 엄마는 물건을 살 때 [할인률]─[할인율] 이 높은 것을 사신다.

헷갈림 지수 ☺☺☺☺☺

-치	VS	**-지**

-치

'-하지'의 준말.
모음으로 끝나는 말과 받침 ㄴ, ㄹ, ㅁ, ㅇ 뒤에 쓰임.

→ 용서하지
• 동생을 용서**치** 않을 거야.
  → 모음으로 끝나는 말
                        → 간편하지
• 김치부침개를 만드는 일은 간편**치** 않았다.
  → ㄴ 받침

암기b법

'노랑 양말 모으는 사람은
흔**치** 않아.'라고 외워.

TIP 개의치 않다. / 간단치 않다. / 심상치 않다.

-지

'-하지'의 준말.
받침 ㄱ, ㅂ, ㅅ 뒤에 쓰임.

→ 넉넉하지
• 음식의 양이 넉넉**지** 않다.
  → ㄱ 받침
                        → 깨끗하지
• 오랫동안 청소를 안 해서 깨끗**지** 않다.
  → ㅅ 받침

'가분수는 익숙**지** 않아.'라고 외워.

TIP 섭섭지 않다. / 답답지 않다. / 못지 않다.

바로체크

1 맞춤법에 맞게 낱말을 구분해서 쓰세요.

(1) 깨끗하지. ▶ | 깨 | 끗 | | 못한 옷은 벗어 버려.

(2) 간편하지. ▶ 제품 작동 방법이 생각보다 | 간 | 편 | | 않네.

2 맞춤법에 맞는 낱말을 고르세요.

(1) 너처럼 착한 친구는 [흔지]─[흔치] 않아.

(2) 나는 향신료가 들어간 음식이 [익숙지]─[익숙치] 않아.

(3) 너를 [용서지]─[용서치] 않을 것이니 다시는 연락하지 마.

TIP
(4) 선생님은 아이들이 [섭섭지]─[섭섭치] 않도록 선물을 넉넉히 준비하셨다.

채	VS	체
있는 상태 그대로.		그럴듯하게 꾸미는 태도. 척.

채

• 신발을 신은 **채** 집 안으로 들어갔다.
  → 그대로

• 책상에 엎드린 **채**로 잠이 들었다.
  → 그대로

체

• 잘난 **체** 좀 그만해.
  → 척

• 봤으면서 못 본 **체** 고개를 돌리네!
  → 척

암기b법

그대로 있는 건 '**채**'

그런 **척**하는 건 '**체**'

TIP '채' 뒤에는 '로'를 붙일 수 있어.
예 눈을 감은 채로 말했다.

1 맞춤법에 맞게 낱말을 구분해서 쓰세요.

(1) 그대로. ➤ 옷을 입은 [ ] 물속에 들어갔다.

(2) 척. ➤ 모르면서 아는 [ ]를 하면 안 돼.

2 맞춤법에 맞는 낱말을 고르세요.

(1) 들었으면서 왜 못 들은 [채]-[체] 하니?

(2) 자는 [채]-[체] 좀 그만하고 이제 일어나.

(3) 너무 부끄러워서 고개를 숙인 [채]-[체] 말했다.

TIP
(4) 배가 너무 고파서 선 [채로]-[체로] 밥을 먹었다.

모음을 주의해서
살펴보렴.

윗-	VS	웃-

'위'와 '아래'의 짝이 있는 낱말 앞에서
'위'의 뜻을 더하는 말.

'위'와 '아래'의 짝이 없는 낱말 앞에서
'위'의 뜻을 더하는 말.

- 윗니(↔ 아랫니) / 윗방(↔ 아랫방)
- 윗사람(↔ 아랫사람) / 윗도리(↔ 아랫도리)
- 윗동네(↔ 아랫동네) / 윗마을(↔ 아랫마을)

- 웃어른(아래어른 ×)께는 높임말을 사용해.
- 웃돈(아래돈 ×)을 얹어 주었다.
- 웃통(아래통 ×)을 벗고 운동했다.

 암기b법

위(↔아래)에 입는 옷은 **윗옷**(↔아래옷)

겉에 입는 옷은 **웃옷**

TIP 거센소리(ㅊ, ㅋ, ㅌ, ㅍ)나 된소리(ㄲ, ㄸ, ㅃ, ㅆ, ㅉ) 앞에서는 '윗-'이 아니라 '위-'를 써. **예** 위층 / 위쪽

바로체크

1 맞춤법에 맞게 낱말을 구분해서 쓰세요.

(1) 원래보다 더 주는 돈. ▶ 구하기 어려운 물건이라 [|] 돈 이 붙었다.

(2) 위쪽에 있는 동네. ▶ [| 동 | 네] 사는 친구네 집에 놀러 갔다.

2 맞춤법에 맞는 낱말을 고르세요.

(1) 티셔츠를 벗자 구릿빛 [웃통 ┤ 윗통] 이 드러났다.

(2) [웃어른 ┤ 윗어른] 의 말씀이 다 끝난 다음에 말해라.

(3) 일 층에서 나는 소리가 [웃방 ┤ 윗방] 까지 다 들렸다.

(4) 이를 닦을 때 [웃니 ┤ 윗니] 는 위에서 아래로 닦는 것이 좋다.

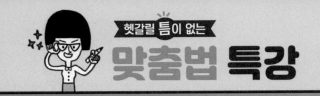

헷갈림 지수 😐😐😐😐😐

수-	VS	숫-

'수컷'의 뜻을 더하는 말.	'양, 염소, 쥐' 앞에서 '수컷'의 뜻을 더하는 말.

• 수꿩 / 수소 • 수캉아지 / 수캐 / 수평아리 / 수탉 / 수퇘지	• '수양(버들)' 아니고 '**숫**양' • '수염소(수염 난 소)' 아니고 '**숫**염소' • '수쥐(수지~)' 아니고 '**숫**쥐'

 암기b법

대부분의 **동물** 앞에는 '**수-**'	'**양, 염소, 쥐**' 앞에는 '**숫-**'

→ **TIP** '강아지, 개, 병아리, 닭, 돼지'는 앞에 '수-'를 붙일 때 첫소리가 거센
소리야. '강아지는 개, 병아리는 닭 돼! 거짓말 아니야!'라고 외우자.

✔ **바로체크**

1 맞춤법에 맞게 낱말을 구분해서 쓰세요.

(1) | 양의 수컷. | ▷ [　　|　　] 한 마리가 풀을 뜯고 있다.

(2) | 닭의 수컷. | ▷ 동이 트면 [　　|　　]이 아침을 알린다.

2 맞춤법에 맞는 낱말을 고르세요.

(1) 성난 [수소 ─ 숫소] 가 갑자기 달려들었다.

(2) 어릴 때 [수병아리 ─ 수평아리] 를 키운 적이 있어.

(3) 골목을 돌아다니는 [수쥐 ─ 숫쥐] 한 마리를 잡았다.

(4) 늙고 병든 [수캐 ─ 숫개] 가 골목 입구에 힘없이 앉아 있었다.

헷갈림 지수 😐😐😐😐😐

-러	VS	-려

가거나 오는 목적을 나타내는 말.

행동의 의도가 있음을 나타내는 말.
상태의 변화를 나타내는 말.

• 친구를 **만나러** 왔어요.
→ 온 목적

• 우리 내일 떡볶이 **먹으러** 가자.
→ 가는 목적

• 나는 내일 일찍 **일어나려** 해.
→ 행동의 의도

• 눈이 **녹으려고** 하는 것 같아.
→ 상태의 변화

암기b법

하러 가, **하러** 와
목적은 '-러'

하려 해, 변하**려** 해
의도와 **변화**는 '-려'

TIP '-려' 뒤에는 '고'를 붙일 수 있어.
예 질문을 하려고 손을 들었다.

바로체크

1 맞춤법에 맞게 낱말을 구분해서 쓰세요.

(1) 가는 목적. ▷ 책을 | 빌 | 리 | | 가는 길이야.

(2) 행동의 의도. ▷ 오늘 아침에는 빵을 | 먹 | 으 | | 했어.

2 맞춤법에 맞는 낱말을 고르세요.

(1) 네 기분을 | 감추러 | 감추려 | 하지 마.

(2) 새 신발을 | 사러 | 사려 | 백화점에 갔다.

(3) 기차가 이제 막 | 출발하러 | 출발하려 | 한다.

(4) 하루 종일 잠자리를 | 잡으러 | 잡으려 | 다녔다.

-므로	VS	-ㅁ으로(써)

까닭을 나타내는 말.	방법을 나타내는 말.

- 비가 **오므로** 우산을 갖고 가라.
  → 까닭
- 공연 **중이므로** 입장할 수 없습니다.
  → 까닭

- 나는 노래를 **부름으로써** 스트레스를 푼다.
  → 방법
- 평소에 운동을 **함으로** 건강을 지킨다.
  → 방법

암기b법

추우**므로** 집에 있어라.

까닭은 '**-므로**'

열심히 공부**함으로써** 효도한다.

방법은 '**-ㅁ으로(써)**'

1 맞춤법에 맞게 낱말을 구분해서 쓰세요.

(1) 되기 때문에. ▶ 공부에 방해가 [　｜　｜　] 조용히 해라.

(2) 하는 방법으로. ▶ 언니는 아르바이트를 [　｜　｜　｜써] 돈을 번다.

2 맞춤법에 맞는 낱말을 고르세요.

(1) 규칙을 [어겼으므로]ㅓ[어겼음으로] 벌칙을 받아야 해.

(2) 소리가 잘 안 [들리므로]ㅓ[들림으로] 크게 말씀해 주세요.

(3) 짝꿍은 고개를 [돌리므로]ㅓ[돌림으로] 거절의 뜻을 표현했다.

(4) 평소 어려운 사람들을 [도우므로써]ㅓ[도움으로써] 보람을 느낀다.

소리 내어 읽어 보렴!
살짝 헷갈리다가도
딱, 감이 잡힐 거야.

-죠	VS	쥐 [기] 주다
'-지요'의 준말.		'주어'의 준말.

• 내일 같이 **가시죠**.
  → 가시지요

• 서점에 가려면 몇 번 버스를 타야 **하죠**?
  → 하지요

• 나에게도 한 번만 기회를 **줘**.
  → 주어

• 내일 준비물이 무엇인지 알려 **줘요**.
  → 주어요

 암기b법

'**-지요**'가 줄어서 '**-죠**'

'**주어**'가 줄어서 '**줘**'

바로체크

1 맞춤법에 맞게 낱말을 구분해서 쓰세요.

(1) -지요. ▶ 제 말이 [맞 |]?

(2) 주어. ▶ 나도 네 생일에 초대해 [ ].

2 맞춤법에 맞는 낱말을 고르세요.

(1) 나 대신 방 청소 좀 해 [죠]—[줘].

(2) 봄이 오면 꽃이 활짝 [피겠죠]—[피겠줘].

(3) 너는 동생 생일에 어떤 선물을 [죠]—[줘]?

(4) 요즘 늦게까지 일하시느라 [힘들조]—[힘들죠]?

1 맞춤법에 맞으면 ○표, 틀리면 ×표 하기

❶ 나는 <u>심술장이</u>가 아니야. ☐

❷ 일이 그렇게 <u>간단치</u> 않아. ☐

❸ 아기가 <u>울려고</u> 하는 것 같아. ☐

❹ 잘난 <u>체</u>를 하다가 망신을 당했어. ☐

❺ 내일 어디로 가야 하는지 <u>알려죠.</u> ☐

❻ 우리나라의 <u>출산률</u>은 낮은 편이야. ☐

❼ <u>쓰레기양</u>을 줄이기 위해 노력해야 해. ☐

❽ 나는 중국어 공부를 <u>열심히</u> 하고 있어. ☐

❾ 너는 <u>똑똑함으로</u> 내 설명을 잘 이해할
거야. ☐

❿ 신문을 볼 때 <u>경제난</u>은 어려워서 잘
읽지 않아. ☐

2 잘못 쓴 글자에 ×표 하고, 고쳐 쓰기

❶ | 가 | 까 | 히 | 오지 마.

➜ ( )

❷ | 섭 | 섭 | 치 | 않게 해 줄게.

➜ ( )

❸ 피아노를 | 배 | 우 | 려 | 학원에 갔어요.

➜ ( )

❹ | 숫 | 돼 | 지 | 가 진흙에서 뒹굴고 있다.

➜ ( )

❺ 경제 | 성 | 장 | 율 | 이 2퍼센트 감소했다.

➜ ( )

❻ 담장을 칠해야 해서 | 칠 | 쟁 | 이 | 를 불렀다.

➜ ( )

❼ | 가 | 만 | 이 | 누워서 풀벌레 소리를 들었어.

➜ ( )

❽ 할아버지의 | 식 | 사 | 양 | 이 줄어서 걱정이야.

➜ ( )

❾ | 웃 | 마 | 을 | 사람들은 대부분 밭농사를 지어.

➜ ( )

❿ | 스 | 포 | 츠 | 란 | 에 올림픽과 관련된 기사가
실렸어. ➜ ( )

3 틀린 낱말에 밑줄 긋고, 바르게 고쳐 쓰기

❶ 틈틈히 할 테니까 기다려 줘요.

→ (   )

❷ 아래층보다 윗층이 더 깨끗하죠?

→ (   )

❸ 수염소 한 마리의 움직임이 심상치 않아.

→ (   )

❹ 넉넉치 않으면서 넉넉한 체를 하고 있네.

→ (   )

❺ 나는 이제 너를 '겁장이'라고 부르지 않으려고 해.

→ (   )

❻ 광고난에 이름난 대장장이가 만든 칼이 소개되었다.

→ (   )

❼ 숫꿩을 '장끼'라고 부른다는 것을 어렴풋이 들은 것 같아.

→ (   )

❽ 어제 입은 웃도리는 더러우므로 오늘은 다른 것을 입어라.

→ (   )

❾ 내가 사고 싶었던 가방의 할인률이 높아서 사러 가고 있어.

→ (   )

❿ 학습량을 늘리므로써 성적이 떨어지는 것을 막을 수 있다.

→ (   )

4 알맞은 낱말을 골라 문장 완성하기

❶ 깨끗이 ├ 깨끗히

진수: 엄마, _____

_____

엄마: 와, 그릇에서 반짝반짝 윤이 나네!

❷ 운동량 ├ 운동양

요즘 운동을 안 했더니 살이 좀 찐 것 같아.

오늘부터 _____

_____

❸ 채 ├ 체

4장

잘못 쓰기 쉬운 말

| 희안하다 ✕ | 희한하다 ○ | 로보트 ✕ | 로봇 ○ |

(희안해 | 희한해).
(로보트 | 로봇)같이 부른단 말이지.

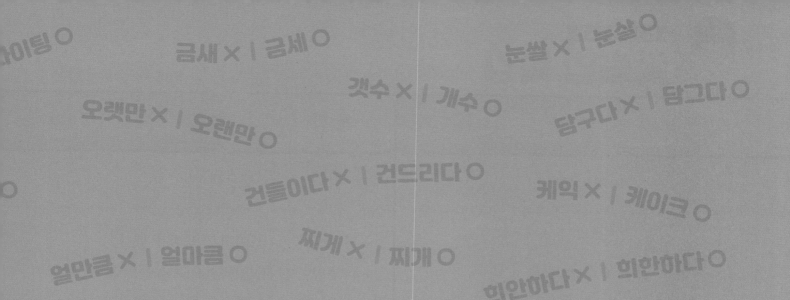

'희안하다'는 사전에 없고,

'로보트'는 맞춤법에 맞지 않는 외래어 표기예요.

이번 장에서는 잘못 쓰기 쉬운 말, 외래어를

바르게 쓰는 법을 기적쌤과 함께 제대로 공부해요.

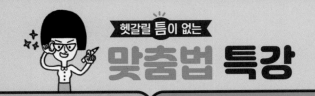
몇 일 ✕	며칠 ○	빨강색 ✕	빨간색 ○
	몇째 날. 몇 날.		붉은색. 빨강.

• 오늘이 며칠이지? → 몇째 날

• 며칠 동안 계속 비가 내렸어. → 몇 날

• 빨간색(빨강) 색연필로 색칠을 했다.

• 나뭇잎이 빨간색(빨강)으로 물들었다.

🎵 암기b법

'몇 년', '몇 월'은 있지만 '**몇 일**'은 **없어**.
일주일은 **며칠**? 7일!

빨간색으로 칠해!
빨강으로 칠해!

TIP '빨강'에는 '색'을 붙이지 않아. 그러니까 '파랑', '노랑', '검정'이 바른 표현이야. '색'을 붙이고 싶으면 '파란색', '노란색', '검은색'이라고 해야 해.

바로체크

1 맞춤법에 맞게 낱말을 구분해서 쓰세요.

(1) 몇 날. ▶ ☐☐ 째 폭설이 내리고 있다.

(2) 붉은색. ▶ ☐☐ 펜으로 밑줄을 그으며 공부했다.

2 맞춤법에 맞는 낱말을 고르세요.

(1) 오늘은 몇 월 | 며칠 | 몇 일 | 이야?

(2) 달력에 내 생일을 | 빨강 | 빨강색 | 으로 표시했어.

(3) | 몇 일 | 몇칠 | 며칠 | 전에 본 영화가 자꾸 생각나.

TIP
(4) 체육 대회 때 우리 반은 | 파란색 | 파랑색 | 티셔츠를 입기로 했어.

헷갈림 지수 😐😐😐😐😐

바램 ✕	바람 ○	삼 ✕	삶 ○

| | 이루어지기를 원하는 마음. 원함.
'바라다'에서 온 말. | | 사는 일. 살아 있음.
'살다'에서 온 말. |

이루어지기를 원하는 마음

• 나의 오랜 <u>바람</u>이 이루어졌다.

• 날씨가 따뜻해지기를 <u>바람</u>.
→ 원함

사는 일

• 책에서 <u>삶</u>의 지혜를 얻을 수 있다.

• 건강하게 오래오래 <u>삶</u>.
→ 살아 있음

암기b법

바라(다) + ㅁ = 바람
자(다) - 잠 / 그리(다) - 그림

살(다) + ㅁ = 삶
받침 ㄹ을 살려, 알(다) - 앎

→ **TIP** 울(다) + ㅁ = 욺 / 힘들(다) + ㅁ = 힘듦

바로체크

1 맞춤법에 맞게 낱말을 구분해서 쓰세요.

(1) 살(다) + ㅁ ▸ 다섯 마리 새끼 중에 두 마리가 ☐ .

(2) 바라(다) + ㅁ ▸ 언젠가 우주여행을 할 수 있기를 ☐ .

2 맞춤법에 맞는 낱말을 고르세요.

(1) 동생의 병이 빨리 낫기를 바람 ┤ 바램 .

(2) 여행하려고 하는 지역에 대해 잘 앎 ┤ 암 .

(3) 사람은 누구나 인간다운 삶 ┤ 삼 을 살기를 원한다.

(4) 나의 바램 ┤ 바람 대로 오후에는 비가 그쳤으면 좋겠어.

나뭇꾼 ✕	나무꾼 ○	햇님 ✕	해님 ○

땔나무를 하는 사람.	해를 이르는 말.

- 나무꾼이 나무를 베고 있어요.
- 나무꾼이 선녀의 옷을 숨겼어요.

- 해님이 방긋 웃는다.
- 「해님 달님」이라는 전래 동화를 읽었어.

암기b법

땔**나무**를 하니까 '**나무꾼**'

ㅅ 없이 달님, 별님, **해님**

> TIP '나뭇잎'은 '나무'와 '잎'이 합쳐진 낱말인데 사이에 ㅅ을 썼어. 이렇게 두 낱말이 합쳐질 때 넣는 ㅅ을 '사이시옷'이라고 해.
> '-꾼'과 '-님'은 독립적인 뜻을 가진 낱말이 아니라 뜻을 더해 주는 말이기 때문에 '나무꾼'과 '해님'에는 사이시옷을 쓰지 않아.

바로체크

1 맞춤법에 맞게 낱말을 구분해서 쓰세요.

(1) | 해를 이르는 말. | ▷ [　　|　　] 과 바람은 내기를 했어요.

(2) | 땔나무를 하는 사람. | ▷ [　　|　　] 의 도끼가 연못에 빠졌어요.

2 맞춤법에 맞는 낱말을 고르세요.

(1) 서쪽 산 너머로 [해님 ┤ 햇님] 이 사라졌어요.

(2) **TIP** 가을이 되어 [나무잎 ┤ 나뭇잎] 이 노랗게 물들었어요.

(3) [나무꾼 ┤ 나뭇꾼] 은 지게를 지고 뒷산에 나무를 하러 갔어요.

(4) [핸님 ┤ 햇님 ┤ 해님] 이 환하게 웃으며 나를 맞아 주었어요.

ㅅ이 문제로군!

헷갈림 지수 ☺☺☺☺☺

눈쌀 ✕	눈살 ○	철썩같이 ✕	철석같이 ○
	두 눈썹 사이에 있는 주름살.		쇠(鐵 쇠 철)와 돌(石 돌 석)처럼 굳게.

• 눈살을 찌푸리다. • 화가 나서 눈살을 모으며 인상을 썼다.	• 철석같이 믿다. • 무슨 일이 있어도 약속은 철석같이 지켜.

암기b법

'**눈**썹 사이 주름**살**'이니까 '**눈살**'	'**돌 석**(石)' 자가 들어가니까 '**철석**같이'

바로 체크

1 맞춤법에 맞게 낱말을 구분해서 쓰세요.

(1) 눈썹 사이 주름살. ▷ [   ] 을 찡그리지 마.

(2) 쇠와 돌처럼 굳게. ▷ 형의 말을 [   ] 믿었어.

2 맞춤법에 맞는 낱말을 고르세요.

(1) 햇살에 눈이 부셔 [눈살 ᅳ 눈쌀] 을 찌푸렸다.

(2) [철썩같이 ᅳ 철석같이] 굳은 결심은 끝까지 꺾이지 않았다.

(3) 할아버지는 동생의 버릇없는 행동을 보고 [눈쌀 ᅳ 눈살] 을 좁히셨다.

(4) 다시는 거짓말을 안 하겠다고 엄마와 [철석같이 ᅳ 철썩같이] 약속했다.

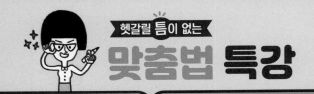

헷갈릴 틈이 없는 맞춤법 특강

헷갈림 지수 ☺☺☺☺☺

-ㄹ께 ✕	-ㄹ게 ◯	-구 ✕	-고 ◯
문장 끝에서 약속이나 의지를 나타내는 말.		질문하거나 따져 물을 때 문장 끝에 쓰는 말.	

• 오늘은 나 먼저 갈게.
• 우리 반을 위해서 최선을 다할게.

• 이게 뭐라고?
• 오라고 할 때는 언제고?

암기b법

게임 좀 **할게**.
문장에서 '할게 / 할걸 / 할 거야'

고작 고구마를 먹으라고?

↳ TIP 예 게임 좀 할걸. / 게임 좀 할 거야.

바로 체크

1 맞춤법에 맞게 낱말을 구분해서 쓰세요.

(1) 질문할 때 문장 끝에 쓰는 말. ▶ 내일 몇 시에 | 한 | 다 | | ?

(2) 문장 끝에서 약속을 나타내는 말. ▶ 오늘은 내가 너에게 양보를 | 할 | | .

2 맞춤법에 맞는 낱말을 고르세요.

(1) 가족들은 모두 잘 [있고]─[있구] ?

(2) 저는 이제 그만 들어가 [잘께요]─[잘게요] .

TIP
(3) 배가 너무 고파서 먼저 [먹을 거야]─[먹을 꺼야] .

(4) 놀아도 괜찮다고 하실 때는 [언제구요]─[언제고요] ?

헷갈림 지수 ☺☺☺☺☺

치루다 ✕	치르다 ○	잠구다 ✕	잠그다 ○

돈을 내주다.

열리지 않게 하다.

[활용] 치러 / 치르니 / 치르고 / 치렀다

[활용] 잠가 / 잠그니 / 잠그고 / 잠갔다

- 값을 치르다.
- 모든 비용은 내가 치렀다.

- 대문을 잠그다.
- 수도를 잠가 버렸다.

암기b법

친구가 떡볶이 값을 **치르면**
웃음이 까르르

달그락달그락 자물쇠로 **잠그다**.

TIP 치르다: 겪어 내다.
예 어제 시험을 치렀다.

바로체크

1 맞춤법에 맞게 낱말을 구분해서 쓰세요.

(1) 돈을 내주고. ▸ 값을 [| 고] 물건을 받았다.

(2) 열리지 않게 하고. ▸ 방문을 [| 고] 열어 주지 않았다.

2 맞춤법에 맞는 낱말을 고르세요.

(1) 옷을 사고 돈을 [치렀다 / 치뤘다].

(2) 가스를 [잠그는 / 잠구는] 방법을 알려 주세요.

(3) 아무도 들어오지 못하게 방문을 꼭 [잠궜다 / 잠갔다].

(4) 평일 저녁에 결혼식을 [치루는 / 치르는] 사람들이 늘고 있다.

금새 ✕	금세 ○	오랫만 ✕	오랜만 ○
	지금 바로. '금시에'의 준말.		긴 시간이 지난 뒤. '오래간만'의 준말.

- 얼음이 금세 다 녹았다.
- 학교 안에 소문이 금세 퍼졌다.

- 오랜만에 친구를 만났다.
- 영화를 오랜만에 보는 것 같아.

암기b법

'금시에'가 줄어서 '금세'

'오래간만'이 줄어서 '오랜만'

> **TIP** '오랜동안'은 틀린 말이야. '오래'와 '동안'이 합쳐질 때 사이시옷이 더해져 '오랫동안'이 맞아. 예 오랫동안 기다렸어.

바로체크

1 맞춤법에 맞게 낱말을 구분해서 쓰세요.

(1) 오래간만. ▸ [　　｜　　｜　　] 에 친척들이 다 모였다.

(2) 금시에. ▸ 감기약을 먹은 효과가 [　　｜　　] 나타났다.

2 맞춤법에 맞는 낱말을 고르세요.

(1) 시간이 [금새]─[금세] 갔어요.

(2) [오랜만에]─[오랫만에] 할머니 댁에 갔어요.

(3) 여름에는 빨래가 [금시]─[금세]─[금새] 마른다.

TIP
(4) [오랜동안]─[오랫동안] 비가 내리지 않아서 강이 말랐다.

소리 내어 읽어 보렴!
살짝 헷갈리다가도
딱, 감이 잡힐 거야.

도데체 ✕	도대체 ○	계시판 ✕	게시판 ○

요점만 말하면. 전혀.

알릴 내용을 붙이는 판.

→ 요점만 말하면
• 도대체 어떻게 된 거니?
• 널 도대체 이해할 수가 없어.
→ 전혀

• 게시판에 합격자 명단이 붙었다.
• 학급 게시판에 친구들의 작품을 붙였다.

암기b법

도대체 대화가 안 돼!

게스트는 **게시판**에 알리지.

TIP '대강', '대부분', '대개'도 함께 알아 두자.

TIP • 게시: 내걸어 두루 보게 함. 예 안내문이 게시되었어.
• 계시: 신이 진리를 알게 함. 예 신의 계시인 것 같아.

1 맞춤법에 맞게 낱말을 구분해서 쓰세요.

(1) 요점만 말하면. ▸ [| |] 무슨 말을 하는 거야?

(2) 알릴 내용을 붙이는 판. ▸ 아파트 [| | .] 에 광고지가 붙어 있다.

2 맞춤법에 맞는 낱말을 고르세요.

(1) [게시판 ⊢ 계시판] 에 붙어 있는 공고문을 확인했다.

(2) 누나가 왜 화가 났는지 [도데체 ⊢ 도대체] 알 수가 없어.

TIP
(3) 아이들은 [데개 ⊢ 데게 ⊢ 대개] 아이스크림을 좋아한다.

TIP
(4) 현장 체험 학습 때 찍은 사진을 교실 벽에 [계시 ⊢ 게시] 해 두었다.

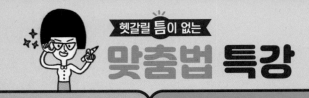

쳐지다 ✕	처지다 ○	끼여들다 ✕	끼어들다 ○

아래로 늘어지거나 뒤로 떨어지다.

비집고 들어서다.

활용 처지어(처져) / 처지니 / 처졌다

활용 끼어들어 / 끼어드니 / 끼어들었다

• 빨랫줄이 축 처지다.
        → 아래로 늘어지다
• 힘이 들어서 뒤로 처졌다.
        → 떨어졌다

• 사람들 사이로 끼어들다.
• 내가 말할 때 중간에 끼어들지 마.

암기b법

축 **처진 버**드나무 가지

어른이 말할 때는 **끼어들지** 않기!

→ **TIP** '끼어들다'의 준말은 '껴들다'야. '껴들어, 껴드니, 껴들었다'와 같이 활용해.

바로 체크

1 맞춤법에 맞게 낱말을 구분해서 쓰세요.

(1) 아래로 늘어졌다. ▶ 한쪽 어깨가 축 [| | 졌 | 다].

(2) 비집고 들어서지. ▶ 너는 우리 일에 [| | | 지] 마.

2 맞춤법에 맞는 낱말을 고르세요.

(1) 줄지어 달릴 때 혼자 뒤로 [처지지 ┤ 쳐지지] 마.

(2) 동생이 엄마와 아빠 사이에 [끼어들었다 ┤ 끼여들었다].

(3) 엄마는 [쳐진 ┤ 처진] 뱃살 때문에 열심히 운동을 하신다.

(4) 오토바이가 갑자기 우리 차 앞으로 [끼여들어 ┤ 끼어들어] 사고가 날 뻔했다.

헷갈림 지수 ☺☺☺☺☺

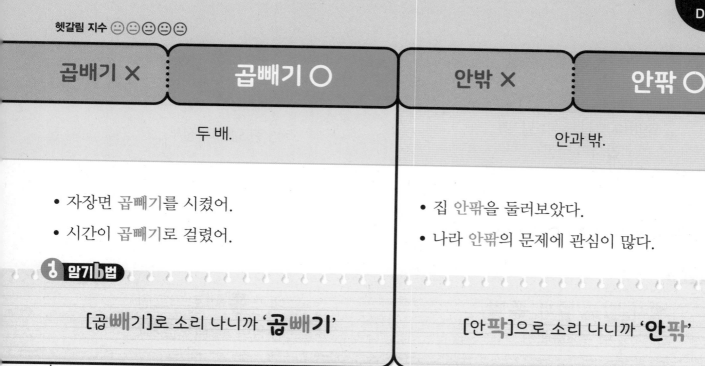

곱배기 ✕	곱빼기 ○	안밖 ✕	안팎 ○
	두 배.		안과 밖.

곱빼기 ○

두 배.

• 자장면 곱빼기를 시켰어.
• 시간이 곱빼기로 걸렸어.

암기b법

[곱빼기]로 소리 나니까 '곱빼기'

안팎 ○

안과 밖.

• 집 안팎을 둘러보았다.
• 나라 안팎의 문제에 관심이 많다.

[안팍]으로 소리 나니까 '안팎'

TIP –빼기: '그런 특성이 있는 사람이나 물건'의 뜻을 더하는 말.
예 밥빼기 / 악착빼기

바로체크

1 맞춤법에 맞게 낱말을 구분해서 쓰세요.

(1) 안과 밖. ▸ 신발 [ ] 이 모두 낡았다.

(2) 두 배. ▸ 혼자 짬뽕 [ ] 를 다 먹었어.

2 맞춤법에 맞는 낱말을 고르세요.

(1) 운동장 [안밖] [안팎] 이 사람들로 북적였다.

(2) 배가 너무 고프니까 음식을 [곱배기] [곱빼기] 로 시켜 줘.

(3) 나라 [안밖] [안팍] [안팎] 에서 금 모으기 운동이 펼쳐졌다.

(4) 학원을 하나 더 다녀서 숙제가 [꼽빼기] [곱빼기] [곱배기] 로 늘었어.

폭팔 ✕	폭발 ○	통채 ✕	통째 ○

폭발(爆 터질 폭, 發 필 발) 갑자기 터짐.	한 덩어리 전부.
• 화산이 폭발했다. • 어제 주유소에서 폭발 사고가 일어났대.	• 생선을 통째 구웠다. • 비단뱀이 악어를 통째로 삼켰다.

암기b법

발사, 발포, 발파, **폭**발
다 무서워!

내가 **통**째로 먹으면
동생이 **째**려보겠지?

→ TIP 폭발: 쌓여 있던 감정이 한꺼번에 쏟아져 나옴.
　　例 갑자기 화가 폭발했어.

→ TIP -째: '그대로', '전부'의 뜻을 더하는 말.
　　例 그릇째, 뿌리째, 껍질째

1 맞춤법에 맞게 낱말을 구분해서 쓰세요.

(1) 　갑자기 터짐.　 ▶ 비행기가 [　｜　] 하는 사고가 났다.

(2) 　한 덩어리 전부.　 ▶ 입이 커서 귤을 [　｜　] 로 먹을 수 있어.

2 맞춤법에 맞는 낱말을 고르세요.

(TIP)
(1) 그동안 쌓였던 불만이 [폭발]─[폭팔] 했다.

(2) 교과서에 나오는 영어 문장을 [통째로]─[통채로] 외웠다.

(3) 가스 [폭팔]─[폭발] 사고로 많은 사람들이 목숨을 잃었다.

(TIP)
(4) 어젯밤에 강한 비바람이 불어 가로수가 [뿌리채]─[뿌리째] 뽑혔대.

암기b법을
소리 내어 읽어 보렴!

구지 ✗	굳이 ○	그리고 나서 ✗	그러고 나서 ○

애써서 일부러. 고집을 부려서.
'굳다'에서 온 말.

┌──→ 애써서 일부러
• **굳이** 알려고 하지 않을게.
• **굳이** 따라오겠다면 말리지 않을게.
  └──→ 고집을 부려서

암기b법

굳(다) + -이 = 굳이

그렇게 하고 나서.
'그러다'에서 온 말.

• 어서 숙제해. 그러고 나서 놀아.
• 먼저 물을 끓여. 그러고 나서 된장을 풀어.

그러(다) + -고 나서 = 그러고 나서

바로체크

1 맞춤법에 맞게 낱말을 구분해서 쓰세요.

(1) 애써서 일부러. ▶ 남의 일에는 [   ] 신경을 쓰지 않아.

(2) 그렇게 하고 나서. ▶ 물 좀 마셔. [   ] [   ] 말해.

2 맞춤법에 맞는 낱말을 고르세요.

(1) 좋은 소식이 아니라서 [**구지** ┤ **굳이**] 알리지 않았어.

(2) 열두 시에 점심을 먹었다. [**그러고 나서** ┤ **그리고 나서**] 친구를 만났다.

(3) 아침부터 열이 나고 기침도 하는데 [**굳이** ┤ **구지**] 나가서 축구를 해야겠니?

(4) 물이 팔팔 끓으면 먼저 면을 넣어. [**그러구 나서** ┤ **그러고 나서**] 수프도 넣어.

1 맞춤법에 맞으면 ○표, 틀리면 ×표 하기

❶ 내일 다시 <u>연락할께</u>. ☐

❷ 여름이 되자 매미가 시끄럽게 <u>욺</u>. ☐

❸ 선풍기를 틀었더니 <u>금세</u> 시원해졌어. ☐

❹ <u>노랑</u> 가방을 메고 있는 아이가 내 동생 ☐
이야.

❺ 나는 짝꿍의 말을 <u>철썩같이</u> 믿고 기다 ☐
렸어.

❻ 바로 뒤따라 들어갈 테니까 문을 <u>잠그지</u> ☐
마세요.

❼ 주말에 태풍이 온다고 해서 집 <u>안밖</u>을 ☐
점검했다.

❽ <u>나뭇꾼</u>은 장터 입구에서 나뭇단을 쌓 ☐
아 놓고 팔았다.

❾ 방학이 <u>며칠</u>부터인지 몰라서 선생님 ☐
께 여쭤 보았다.

❿ 공원 곳곳에 널려 있는 쓰레기를 보며 ☐
<u>눈살</u>을 찌푸렸다.

2 잘못 쓴 글자에 ×표 하고, 고쳐 쓰기

❶ 나이가 들어 볼이 │쳐│졌│다│.
→ ( )

❷ 내 생일잔치에 꼭 와 주길 │바│램│.
→ ( )

❸ 사람들이 │계│시│판│ 앞에 모여 있었다.
→ ( )

❹ 두 친구 사이에 쏙 │끼│여│들│었│다│.
→ ( )

❺ 시험을 다 │치│루│고│ 나니 마음이 편해.
→ ( )

❻ 할아버지, 할머니는 잘 │계│시│구│요│?
→ ( )

❼ 해바라기가 │햇│님│을 바라보며 말했어요.
→ ( )

❽ │오│랫│만│에 친구들과 함께 게임을 했어요.
→ ( )

❾ 혼자 일을 하려니까 │곱│배│기│로 힘이 드네.
→ ( )

❿ │도│데│체│ 지갑을 어디에 뒀는지 기억이
나지 않아. → ( )

3 틀린 낱말에 밑줄 긋고, 바르게 고쳐 쓰기

❶ 구지 변명하지 않을게요.
→ (   )

❷ 몇 일 있다가 전학을 간다고?
→ (   )

❸ 키위를 껍질째 먹는 것은 힘듬.
→ (   )

❹ 도대체 어디를 잠궈야 하는 거야?
→ (   )

❺ 금새 강당 안팎으로 사람들이 모였어.
→ (   )

❻ 오랜동안 내 바람은 오직 한 가지였어.
→ (   )

❼ 나무꾼은 오징어를 통채로 구워 먹었어.
→ (   )

❽ 음식을 곱빼기로 시켜서 값도 곱빼기로 치뤘다.
→ (   )

❾ 내가 갑자기 끼어들어서 눈쌀을 찌푸리는구나!
→ (   )

❿ 게시판에 뭐가 붙어 있는지 잘 봐. 그리고 나서
말해.   → (   )

4 알맞은 낱말을 골라 문장 완성하기

❶ 폭발 ┤ 폭팔

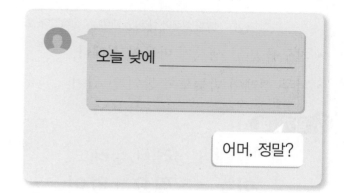

오늘 낮에 _____

_____

어머, 정말?

❷ 갈게 ┤ 갈께

예진: 상민아, 집에 안 가?

상민: 먼저 가. _____

_____

❸ 빨강색 ┤ 빨간색

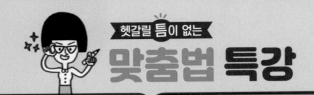

맞춤법 특강

헷갈림 지수 ☺☺☺☺☺

설레이다 ✕	설레다 ○	삼가하다 ✕	삼가다 ○

마음이 들떠서 두근거리다.	조심해서 하다.

활용 설레어(설레) / 설레니 / 설레었다(설렜다)

• 친구를 만날 생각에 마음이 설레다.
• 너무 설레어 밤늦도록 잠이 안 왔어.

활용 삼가 / 삼가니 / 삼갔다

• 말을 삼가다.
• 복도에서는 뛰는 것을 삼가세요.

암기b법

설레어, 설레니, 설레고
'이'를 넣을 **필요**가 **없어**!

삼가, 삼가니, 삼가고
'하'를 넣을 **필요**가 **없어**!

TIP '설레다'가 바른 표현이니까 '설레임'이 아니라 '설렘'이라고 써야 해.

바로 체크

1 맞춤법에 맞게 낱말을 구분해서 쓰세요.

(1) 조심해서 해야. ➤ 어른 앞에서는 말을 [| | 야] 해.

(2) 두근거려서. ➤ 가슴이 [| | | 서] 심장이 터질 것 같아.

2 맞춤법에 맞는 낱말을 고르세요.

(1) [설레는 ┤ 설레이는] 마음으로 봉투를 열어 보았다.

TIP
(2) 이 작품에는 사춘기 소녀의 [설레임 ┤ 설렘] 이 표현되어 있다.

(3) 도서관에서는 큰 소리로 떠드는 것을 [삼가하세요 ┤ 삼가세요].

(4) 미세 먼지가 심할 때는 외출을 [삼가는 ┤ 삼가하는] 것이 좋아요.

헷갈림 지수 ☺☺☺☺☺

갯수 ✕	개수 ○	촛점 ✕	초점 ○

개수(個 낱 개, 數 셈 수)
한 개씩 세는 물건의 수.

초점(焦 탈 초, 點 점 점)
대상을 확실히 볼 수 있게 맞추는 점.

- 연필의 개수를 세 봐.
- 의자의 개수가 부족해.

- 초점 없는 눈길.
- 눈이 나빠졌는지 초점이 잘 안 맞아.

암기b법

보통 한자어에는 사이시옷을 안 붙여!
몇 **개**인지 **개수**를 세 봐.

공부할 땐 **초점** 없는 멍한 눈
놀 땐 **초롱초롱** 맑은 눈

TIP '숫자, 횟수, 곳간, 셋방, 찻간, 툇간'은 한자어지만 사이시옷을 붙여.

TIP 초점: 관심이 집중되는 대상.
예 초점에서 벗어난 말은 하지 마.

1 맞춤법에 맞게 낱말을 구분해서 쓰세요.

(1) | 물건의 수. | ▶ 내가 가진 지우개의 [   ] 는 세 개야.

(2) | 대상을 확실히 볼 수 있게 맞추는 점. | ▶ 눈동자가 [   ] 을 잃고 멍하게 풀어졌다.

2 맞춤법에 맞는 낱말을 고르세요.

(1) 장난감 | 개수 ─ 갯수 | 를 좀 줄여 보는 게 어때?

(2) 요즘 사물이 흐리게 보이고 | 촛점 ─ 초점 | 이 잘 안 맞아.

TIP
(3) 마을버스 운행 | 회수 ─ 횟수 | 가 늘어나서 엄청 편해졌어.

TIP
(4) 최근 전쟁 문제가 세계 뉴스의 | 초점 ─ 촛점 | 이 되고 있다.

날으는 ✕	나는 ○	바껴 ✕	바뀌어 ○

공중에 떠 움직이는.

기 날다 활용 나는 / 나니 / 날아 / 날았다

- 하늘을 나는 독수리.
- 뛰는 놈 위에 나는 놈 있다.

달라져.

기 바뀌다 활용 바뀌는 / 바뀌니 / 바뀌어 / 바뀌었다

- 짝의 머리 모양이 바뀌어 알아보지 못했다.
- 국가대표 팀 감독이 바뀌었네!

암기b법

날(다) + -는 = 나는
놀(다) + -는 = 노는

바뀌(다) + -어 = 바뀌어
사귀(다) + -어 = 사귀어

바로체크

1 맞춤법에 맞게 낱말을 구분해서 쓰세요.

(1) 날(다) + -는 ➤ 백조가 [　|　] 모습이 참 아름답네!

(2) 바뀌(다) + -어 ➤ 지금 갑자기 생각이 [　|　|　] 버렸다.

2 맞춤법에 맞는 낱말을 고르세요.

(1) 하늘을 [나는 | 날으는] 꿈을 꾸었어.

(2) 새 학기가 되어 새로운 친구를 많이 [사겼다 | 사귀었다].

(3) 계획이 [바껴서 | 바뀌어서] 오늘은 하루 종일 집에 있을 거야.

(4) 날씨가 추워져 놀이터에서 [노는 | 놀으는] 아이들이 별로 없다.

소리 내어 읽어 보렴!
살짝 헷갈리다가도
딱, 감이 잡힐 거야.

건데기 ✕	건더기 ○	트름 ✕	트림 ○

국에서 국물 이외의 것.	가스가 입으로 나오는 것.

• 건더기만 건져 먹었다.
• 국물만 먹고 건더기는 남겼다.

• 트림을 하다.
• 속이 안 좋아서 자꾸 트림이 나왔다.

암기b법

국물에 **더** 들어 있는 **건더기**

트림 소리가 울림

바로
체크

1 맞춤법에 맞게 낱말을 구분해서 쓰세요.

(1) | 국물 이외의 것. | ▶ 된장국에 [   ] 가 너무 많아.

(2) | 가스가 입으로 나오는 것. | ▶ 탄산음료를 마셨더니 자꾸 [   ] 이 올라와.

2 맞춤법에 맞는 낱말을 고르세요.

(1) 국물은 마시지 말고 [건더기 ┤ 건데기] 만 먹어.

(2) 큰 소리로 [트름 ┤ 트림] 을 하는 것은 예의에 어긋나.

(3) 국에 [건대기 ┤ 건데기 ┤ 건더기] 가 둥둥 떠 있다.

(4) 엄마는 아기가 [트림 ┤ 트름] 을 하도록 아기의 등을 쓸어 올리셨다.

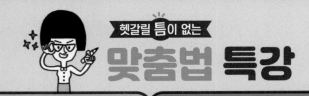
법썩 ✕	법석 ○	시끌벅쩍 ✕	시끌벅적 ○
	소란스럽게 떠드는 모양.		여럿이 어수선하고 시끄럽게 하는 모양.

• 한바탕 법석이 일었다.

• 동생이 사탕을 사 달라고 법석을 쳤다.

• 시장은 늘 시끌벅적 복잡해.

• 아이들이 시끌벅적 떠들었다.

암기b법

야단**법석**, 난리**법석**
몹**시 소**란스러워!

시끌벅적 북**적**이네!

↳ TIP '덥석'도 '덥썩'으로 쓰지 않아야 해.
예 손을 덥석 잡다.

바로체크

1 맞춤법에 맞게 낱말을 구분해서 쓰세요.

(1) 소란스럽게 떠드는 모양. ▶ 우리는 [   ]을 피우며 청소를 했다.

(2) 여럿이 어수선하고 시끄럽게 하는 모양. ▶ 교실 안이 [   ] 활기찬다.

2 맞춤법에 맞는 낱말을 고르세요.

(1) 별일도 아닌데 왜 그렇게 [법석 ┤ 법썩] 을 떠니?

(2) 해변은 사람들로 [시끌벅적 ┤ 시끌벅쩍] 붐볐다.

TIP
(3) 배가 고파서 씻지도 않은 사과를 [덥썩 ┤ 덥석] 베어 물었다.

(4) 아이들이 [시끌뻑적 ┤ 시끌벅적] 떠드는 소리 때문에 공부를 할 수 없었다.

헷갈림 지수 😐😐😐😐😐

찌게 ✕	찌개 〇	육계장 ✕	육개장 〇
	국물을 적게 하여 끓인 반찬.		쇠고기를 넣고 얼큰하게 끓인 국.

- 엄마는 부엌에서 **찌개**를 끓이고 계셔.
- 아빠가 된장**찌개**를 맛있게 끓여 주셨어.

- 얼큰한 육개장을 먹었다.
- 엄마가 육개장을 끓여 주셨다.

암기b법

냄비나 뚝**배**기에 끓이는 **찌개**

먹고 나면 **개**운한 **육개**장

1 맞춤법에 맞게 낱말을 구분해서 쓰세요.

(1) | 국물을 적게 하여 끓인 반찬. | ▷ [   ] 를 데워 먹었다.

(2) | 쇠고기를 넣고 얼큰하게 끓인 국. | ▷ [   ] 국물에 밥을 말아 먹었다.

2 맞춤법에 맞는 낱말을 고르세요.

(1) 할머니께서 끓여 주시던 [육개장][육계장] 이 생각나.

(2) 나는 돼지고기를 넣은 [김치찌게][김치찌개] 를 좋아해.

(3) [육계장][육개장] 은 맵지만 맛있어서 안 먹을 수가 없어.

(4) 동생은 [된장찌개][된장찌게] 만 있으면 밥 한 그릇을 뚝딱 먹어.

갈려고 ✕	가려고 ○	일찌기 ✕	일찍이 ○

장소를 이동하려고.

이르게. 예전에.
'일찍'에서 온 말.

기 가다 활용 가 / 가고 / 가니

• 내일 산에 가려고 해.

• 화장실에 가려고 하니까 따라오지 마.

→ 이르게
• 일찍이 집을 나섰다.

• 주인공은 일찍이 부모님을 여의었다.
    → 예전에

🅱 암기b법

가(다) + **-려고** = **가려고**
하려고 / 먹으려고 / 일어나려고

일찍 + **-이** = **일찍이**
더욱 - 더욱이 / 생긋 - 생긋이

1 맞춤법에 맞게 낱말을 구분해서 쓰세요.

(1) 장소를 이동하려고. ❯ 학교에 [　|　|　] 버스를 탔다.

(2) 이르게. ❯ 엄마는 아침 [　|　|　] 출근하셨다.

2 맞춤법에 맞는 낱말을 고르세요.

(1) 왜 서점에 [가려고 ┤ 갈려고] 하니?

(2) 오늘 나는 [일찌기 ┤ 일찍이] 겪어 보지 못한 일을 경험했어.

(3) 공부를 [하려고 ┤ 할려고] 책상에 앉았는데 졸음이 몰려왔다.

(4) 비가 오는 데다 [더우기 ┤ 더욱이] 바람까지 불어서 너무 추워.

암기b법을
소리 내어 읽어 보렴!

어의없다 ✕	어이없다 ○	담구다 ✕	담그다 ○

어처구니(어이)가 없다.

액체 속에 넣다.

[활용] 어이없어 / 어이없으니 / 어이없는 / 어이없었다

[활용] 담가 / 담그니 / 담그는 / 담갔다

• 동생의 거짓말이 어이없다.

• 어이없는 실수를 해서 일을 다 망쳤다.

• 빨래를 물에 담그다.

• 시냇물에 발을 담갔다.

암기b법

어처구니가 없다! **어이없다!**

설거지할 그릇을 물에 **담그다.**

→ TIP 담그다: 김치, 장 등을 만들다.
[예] 엄마가 담근 김치야.

바로체크

1 맞춤법에 맞게 낱말을 구분해서 쓰세요.

(1) 액체 속에 넣고. ▸ 차가운 물에 손을 [| 고] 있었다.

(2) 어처구니가 없어서. ▸ [| | | 서] 웃음만 나네!

2 맞춤법에 맞는 낱말을 고르세요.

(1) 세 시간이나 늦다니 정말 [어의없다 | 어이없다].

TIP
(2) 오늘은 우리 집 된장을 [담그는 | 담구는] 날이야.

(3) 욕조에 따뜻한 물을 받고 몸을 [담궜다 | 담갔다].

(4) [어이없는 | 어의없는] 상황이 벌어져 아무 말도 할 수 없었다.

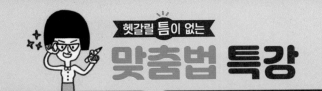

맞춤법 특강

헷갈림 지수 ☺☺☺☺☺

꺼꾸로 ✕	거꾸로 ○	싹뚝 ✕	싹둑 ○

반대로 되게.	물건을 자르는 소리나 모양.
• 옷을 거꾸로 입었다. • 노래를 거꾸로 불렀다.	• 머리를 싹둑 잘랐다. • 칼로 무를 싹둑 썰었다.

암기b법

'수거'를 **거꾸로** 하면 '거수'

바둑이 털을 **싹둑**

바로체크

1 맞춤법에 맞게 낱말을 구분해서 쓰세요.

(1) | 물건을 자르는 소리나 모양. | ▸ 가위로 선을 [　|　] 끊었다.

(2) | 반대로 되게. | ▸ 병을 [　|　|　] 뒤집어 놓았다.

2 맞춤법에 맞는 낱말을 고르세요.

(1) 철봉에 [거꾸로 | 꺼꾸로] 매달려 봐.

(2) 배추 밑동을 [싹둑 | 싹뚝] 잘라 버려.

(3) '토마토'는 [꺼꾸로 | 거꾸로] 발음해도 '토마토'야.

(4) 내가 아끼는 그림이 [삭뚝 | 싹뚝 | 싹둑] 오려져 있었다.

빈털털이 ✕	빈털터리 ○	건들이다 ✕	건드리다 ○

가진 것이 없게 된 사람.	살짝 만지거나 대다.

활용 건드리어(건드려) / 건드리니 / 건드렸다

- 빈털터리 신세가 되었다.
- 재산을 모두 잃고 빈털터리가 되었어요.

- 물건을 건드리다.
- 상처는 건드리지 않는 게 좋아.

암기b법

엉**터리**로 제비 다리 고쳐 주다
빈털터리가 된 놀부

드럼은 **건드려야** 소리 나지.

✔ 바로체크

1 맞춤법에 맞게 낱말을 구분해서 쓰세요.

(1) 가진 것이 없게 된 사람. ▶ 〔　│　│　│　〕 거지가 되었다.

(2) 살짝 만지면. ▶ 남의 물건을 함부로 〔　│　│　│면〕 안 돼.

2 맞춤법에 맞는 낱말을 고르세요.

(1) 그림이 다 마를 때까지 〔 건드리지 ┤ 건들이지 〕 마.

(2) 〔 빈털터리 ┤ 빈털털이 〕로 내쫓기기 싫으면 열심히 일해!

(3) 고양이는 손가락으로 살짝 〔 건들이자 ┤ 건드리자 〕 눈을 떴다.

(4) 일은 하지 않고 낭비만 하다 〔 빈털털이 ┤ 빈털터리 〕가 되었다.

웅큼 ✕	움큼 ○	과녁 ✕	과녁 ○

한 손으로 움켜쥘 만한 분량을 세는 단위.	표적으로 세우는 것.

- 사탕을 한 움큼 집었다.
- 뒷산에서 꽃잎을 한 움큼 따 왔다.

- 화살이 과녁을 빗나갔다.
- 과녁을 향해 총을 쏘았다.

암기b법

한 **움큼** **움**켜쥐어 봐.

저**녁**엔 **과녁**이 안 보여!

---

1 맞춤법에 맞게 낱말을 구분해서 쓰세요.

(1) | 한 손으로 움켜쥘 만한 분량을 세는 단위. | ➤ 모래를 한 [＿｜＿] 집어서 던졌다.

(2) | 표적으로 세우는 것. | ➤ 화살이 [＿｜＿] 의 정중앙에 맞았다.

2 맞춤법에 맞는 낱말을 고르세요.

(1) 쌀 위에 검정콩을 한 [움큼 ┤ 웅큼] 올렸다.

(2) 아쉽게도 화살이 [과녁 ┤ 과녘] 을 맞히지 못했다.

(3) 우리 가족은 매일 아몬드를 한 [움쿰 ┤ 움큼] 씩 먹는다.

(4) 사격 선수는 [과녁 ┤ 과녘 ┤ 과녁] 의 한가운데를 향해 총을 겨누었다.

소리 내어 읽어 보렴!
살짝 헷갈리다가도
딱, 감이 잡힐 거야.

자그만치 ✕	자그마치 ○	내노라하는 ✕	내로라하는 ○
	생각보다 많거나 크게.		대표할 만한.

- 짝꿍은 동생이 자그마치 다섯이래.
- 게임을 자그마치 세 시간이나 했어.

- 내로라하는 선수들이 다 모였다.
- 내 꿈은 내로라하는 스타가 되는 거야.

암기b법

자그마한 방에
자그마치 열 명이나 있어.

내로라하는 스타가 바로 나이**로**다!

바로체크

1 맞춤법에 맞게 낱말을 구분해서 쓰세요.

(1) 생각보다 많거나 크게. ▶ 등수가 ☐☐☐☐ 10등이나 올랐어.

(2) 대표할 만한. ▶ ☐☐☐☐ 사람들이 다 모였다.

2 맞춤법에 맞는 낱말을 고르세요.

(1) 나는 세계적으로 [내노라하는] [내로라하는] 작가가 되고 싶어.

(2) 이모가 이민을 가서 못 본 지 [자그마치] [자그만치] 10년이나 됐어.

(3) 올림픽에는 각 나라에서 [네로라하는] [내로라하는] 선수들이 참가한다.

(4) 방학 동안 운동을 열심히 해서 [자구마치] [자그마치] 5킬로그램이나 빠졌어.

맞춤법 맞히기

1 맞춤법에 맞으면 ○표, 틀리면 ×표 하기

❶ 하늘 높이 <u>나는</u> 새가 부러워. ☐

❷ 살짝 <u>건들였는데</u> 부서졌어요. ☐

❸ 당근은 밑동을 <u>싹뚝</u> 잘라 내렴. ☐

❹ 나는 동전 하나 없는 <u>빈털터리</u>야. ☐

❺ 계곡물에 수박을 <u>담구는</u> 게 어때? ☐

❻ 마음이 너무 <u>설레이니까</u> 그만 얘기해. ☐

❼ 도서관 의자가 모두 새것으로 <u>바뀌었 어요.</u> ☐

❽ 사람들이 물건을 먼저 사려고 <u>야단법석</u> 이었다. ☐

❾ 바람이 많이 불어서 화살이 <u>과녁</u>을 벗 어났다. ☐

❿ 식구가 늘어서 수저의 <u>갯수</u>를 늘려야 할 것 같아. ☐

2 잘못 쓴 글자에 ×표 하고, 고쳐 쓰기

❶ 양말을 | 꺼 | 꾸 | 로 | 신었어.
➜ ( )

❷ | 어 | 의 | 없 | 는 | 말 좀 하지 마.
➜ ( )

❸ 이제 아침을 | 먹 | 을 | 려 | 고 | 해.
➜ ( )

❹ | 건 | 데 | 기 | 가 덜 익어서 못 먹겠어.
➜ ( )

❺ 주머니에서 동전을 한 | 웅 | 큼 | 꺼냈다.
➜ ( )

❻ 어제 저녁에는 | 육 | 계 | 장 | 을 먹었어.
➜ ( )

❼ | 자 | 그 | 만 | 치 | 기록을 4초나 줄였어.
➜ ( )

❽ | 시 | 끌 | 벅 | 쩍 | 복잡한 곳에는 가기 싫어.
➜ ( )

❾ 내 동생은 | 내 | 노 | 라 | 하 | 는 | 재주꾼이야.
➜ ( )

❿ | 촛 | 점 | 잃은 눈으로 멍하니 먼 산을 바라보 고 있다. ➜ ( )

3 틀린 낱말에 밑줄 긋고, 바르게 고쳐 쓰기

❶ 자그마치 새 친구를 열 명이나 사겼어.

→ (   )

❷ 일찌기 출발했는데 지금 왔다고? 어이없네!

→ (   )

❸ 우리가 자주 가는 식당의 육개장 맛이 바꼈어.

→ (   )

❹ 남의 물건에 덥썩 손을 대는 행동은 삼가세요.

→ (   )

❺ 할머니께서 담구신 된장으로 찌개를 끓였어요.

→ (   )

❻ 자리에서 일어나려고 할 때 갑자기 트름이 나왔어요.

→ (   )

❼ 나는 빈털터리라 기부를 할려고 해도 할 수가 없어.

→ (   )

❽ 총알이 과녁에 명중하자 관중들은 시끌벅적 떠들었다.

→ (   )

❾ 우리는 지금 놀으는 게 아니라 숫자 공부를 하는 중이에요.

→ (   )

❿ 내로라하는 선수들을 만난다는 설레임에 가슴이 뛰기 시작했다.

→ (   )

4 알맞은 낱말을 골라 문장 완성하기

❶ 삼가다 ─ 삼가하다

선생님: 공공장소에서 주의할 점이 뭐지?

희민: 공공장소에서는 _____

_____

❷ 건들이다 ─ 건드리다

민준아, 혹시 _____

_____

아니, 눈으로 보기만 했어.

❸ 싹둑 ─ 싹뚝

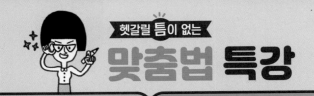

헷갈릴 틈이 없는 맞춤법 특강

헷갈림 지수 ☺☺☺☺☺

간지르다 ✕	간질이다 ○	희안하다 ✕	희한하다 ○

간지럽게 하다.

매우 드물거나 신기하다.

활용 간질이어(간질여) / 간질이니 / 간질였다

• 발바닥을 간질이다.
• 친구가 내 옆구리를 간질였다.

활용 희한하여(희한해) / 희한하니 / 희한했다

• 소문이 참 희한하다.
• 희한한 광경에 입을 다물지 못했다.

암기b법

간**질**간질, 간**질**이다.

흔하지 않아야 **희한하**지.

 바로 체크

1 맞춤법에 맞게 낱말을 구분해서 쓰세요.

(1) 매우 신기하게. ▸ [　|　|　| 게] 생긴 물건이 있네!

(2) 간지럽게 하며. ▸ 우리는 서로 [　|　|　| 며] 장난을 쳤다.

2 맞춤법에 맞는 낱말을 고르세요.

(1) 백사장의 고운 모래가 내 발바닥을 [간지렀다] [간질였다] .

(2) 벼룩시장에는 처음 보는 [희한한] [희안한] 물건이 많았다.

(3) 휴지로 콧구멍을 살살 [간질이면] [간지르면] 재채기가 나온다.

(4) 사람들은 겨울에 반팔을 입은 나를 [희안하게] [희한하게] 쳐다보았다.

헷갈림 지수 😐😐😐😐😐

| 역활 ✕ | 역할 ○ | 천정 ✕ | 천장 ○ |

맡은 일이나 배역.

건물 내부의 위쪽 면.

- 반 친구들끼리 역할을 나누었다. → 맡은 일
- 이번 연극에서 할머니 역할을 맡았어. → 배역

암기b법

할아버지 **역할**, 할머니 **역할**

- 천장에서 물이 떨어져요.
- 우리 집 천장은 무척 높아요.

천장을 예쁘게 **장**식해야지!

바로체크

1 맞춤법에 맞게 낱말을 구분해서 쓰세요.

(1) 맡은 일. ▸ 우리는 각자 [|]을 정했어.

(2) 건물 내부의 위쪽 면. ▸ 우리 집은 [|]이 유리로 되어 있다.

2 맞춤법에 맞는 낱말을 고르세요.

(1) [천장 ┤ 천정] 에 화려한 조명을 달았다.

(2) 배우는 어떤 [역할 ┤ 역활] 을 맡든 최선을 다해 연기해야 해.

(3) 그 집은 지은 지 무척 오래돼서 [천정 ┤ 천장] 이 내려앉았다.

(4) 나는 우리 반에서 화분에 물을 주는 [역활 ┤ 역할] 을 하고 있어.

넓다랗다 ✕	널따랗다 ○	옳바르다 ✕	올바르다 ○

꽤 넓다.

옳고 바르다.

활용 널따란 / 널따래 / 널따라니

활용 올바른 / 올발라 / 올바르니

- 땅이 널따랗다.
- 널따란 방에 혼자 앉아 있었다.

- 생각이 올바르다.
- 올바른 방법으로 이를 닦아야 해.

 암기b법

널찍**널**찍 **널따란** 터미**널**

글자와 발음이 같군!
올바르다[올바르다]

바로 체크

1 맞춤법에 맞게 낱말을 구분해서 쓰세요.

(1) 꽤 넓은. ▸ | | | 란 | 바위에 앉아 쉬었다.

(2) 옳고 바르게. ▸ 동생이 | | | | 게 | 자랐으면 좋겠어.

2 맞춤법에 맞는 낱말을 고르세요.

(1) 우리 집에는 [널따란 ┝ 넓다란] 정원이 있어.

(2) 어렸을 때부터 [옳바른 ┝ 올바른] 식습관을 갖는 게 중요해.

(3) 한참을 올라가니 들꽃으로 가득한 들판이 [넓따랗게 ┝ 널따랗게] 펼쳐졌다.

(4) 회장의 행동은 항상 [올발랐기 ┝ 옳발랐기] 때문에 친구들은 회장을 잘 따른다.

암기b법을
소리 내어 읽어 보렴!

얼만큼 ✕	얼마큼 ○	오도방정 ✕	오두방정 ○

얼마쯤 되게.
'얼마만큼'의 준말.

몹시 방정맞은 행동.

• 얼마큼 드릴까요?

• 너 나 얼마큼 좋아해?

• 오두방정을 떠는구나.

• 선생님 앞에서 웬 오두방정이니!

암기b법

'얼마만큼'이 줄어서 '얼마큼'

호두야, **오두방정** 관두어라!

바로체크

1 맞춤법에 맞게 낱말을 구분해서 쓰세요.

(1) 얼마만큼. ❯ [　|　|　] 가야 하지?

(2) 몹시 방정맞은 행동. ❯ 왜 그렇게 [　|　|　|　] 을 떠니?

2 맞춤법에 맞는 낱말을 고르세요.

(1) 화분에 물을 [얼마큼 ┤├ 얼만큼] 줘야 할까?

(2) 오빠는 일곱 살 아이처럼 [오도방정 ┤├ 오두방정] 을 떨었다.

(3) 양념장에 설탕을 [얼만큼 ┤├ 얼마큼] 넣어야 할지 모르겠어.

(4) 아직 합격한 거 아니니까 [오두방정 ┤├ 오도방정] 좀 떨지 마.

헷갈릴 틈이 없는

맞춤법 특강

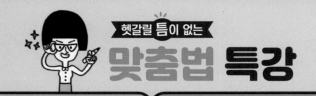

헷갈림 지수 😐😐😐😐😐

화이팅 ✕	파이팅 ○	후라이 ✕	프라이 ○

파이팅

영 fighting
잘 싸우기를 바라며 외치는 소리.

- 우리 팀, 파이팅!
- 대한민국, 파이팅!

프라이

영 fry
기름에 지지거나 튀기는 일.

- 오늘은 달걀프라이를 먹어야지.
- 프렌치프라이는 케첩에 찍어 먹지.

암기법

f = ㅍ 파이팅! 파이터!

프라이팬에 프라이드치킨을 프라이

바로 체크

1 맞춤법에 맞게 낱말을 구분해서 쓰세요.

(1) fighting ❯ 모두 함께 [| |]을 외쳤다.

(2) fry ❯ 계란으로 [| |]를 해 주세요.

2 맞춤법에 맞는 낱말을 고르세요.

(1) 선수들은 경기에 앞서 [파이팅 / 화이팅]을 외쳤다.

(2) 주말에 [프라이드치킨 / 후라이드치킨]을 먹었다.

(3) [화이팅 / 파이팅] 소리가 경기장 안을 가득 채웠다.

(4) 햄버거 먹을 때 [프렌치후라이 / 프렌치프라이]가 빠지면 섭섭하지!

헷갈림 지수 😐😐😐😐😐

| 리모콘 ✕ | 리모컨 ○ | 에어콘 ✕ | 에어컨 ○ |

명 remote control
전자 제품을 움직이는 장치.

- 리모컨으로 텔레비전을 켰다.
- 커튼을 닫으려면 리모컨 버튼을 눌러.

명 air conditioner
건물 안의 온도를 낮추는 장치.

- 에어컨을 틀었더니 시원해졌어.
- 에어컨 바람을 너무 많이 쐬지 마.

암기b법

리모컨을 **컨**트롤

에어컨 많이 틀면 전기 요금 up
엄마 **컨**디션 down

1 맞춤법에 맞게 낱말을 구분해서 쓰세요.

(1) air conditioner ▶ 너무 더우니까 [　　　] 을 틀자.

(2) remote control ▶ [　　　] 이 없어서 텔레비전을 못 봐.

2 맞춤법에 맞는 낱말을 고르세요.

(1) 어제는 [컨디션 | 콘디션] 이 좋지 않아서 일찍 잤어.

(2) 이 장난감은 [리모콘 | 리모컨] 으로 작동시킬 수 있어.

(3) [에어컨 | 에어콘] 이 고장 나서 선풍기를 사용하고 있다.

(4) 투수는 공을 [컨트롤 | 콘트롤] 하는 능력을 키우기 위해 노력해야 한다.

수퍼마켓 ✗	슈퍼마켓 ○	쥬스 ✗	주스 ○

영 supermarket 생활에 필요한 물건을 파는 큰 가게.	영 juice 과일이나 채소를 짜낸 즙.

- 세제를 사러 **슈퍼마켓**에 갔다.
- **슈퍼마켓** 식품 코너에서 김치를 샀다.

- 아침마다 과일 **주스**를 마셔요.
- 오렌지**주스** 한 잔 주세요.

🔔 암기b법

슈퍼맨도 좋아하는 **슈퍼마켓**

주스를 **주**문할게요.

1 맞춤법에 맞게 낱말을 구분해서 쓰세요.

(1) juice ➤ 사과를 갈아서 [｜] 를 만들었다.

(2) supermarket ➤ 두부를 사러 [｜ ｜ ｜] 에 갔다 올게.

2 맞춤법에 맞는 낱말을 고르세요.

(1) 냉장고에서 시원한 [주스 ｜ 쥬스] 를 꺼냈다.

(2) 어제 [슈퍼맨 ｜ 수퍼맨] 이 나오는 영화를 봤어.

(3) 큰아버지는 [수퍼마켓 ｜ 슈퍼마켓] 을 운영하신다.

(4) 우리는 우유 한 잔과 [당근쥬스 ｜ 당근주스] 두 잔을 주문했다.

헷갈림 지수 😐😐😐😐😐

모음을 주의해서
살펴보렴.

메세지 ✕	메시지 〇	레져 ✕	레저 〇

메시지 〇

형 message
전하는 말.

- 축하 메시지를 전했다.
- 이 영화에서 전하려고 하는 메시지가 뭐지?

레저 〇

형 leisure
자유 시간을 이용해 편안히 노는 일.

- 레저 스포츠를 즐기다.
- 레저 시설이 잘 갖추어진 호텔에 갔다.

암기b법

소**시**지가 맛있다는 **메시지**

텔레비**전**만 봤으면서
무슨 **레저**를 즐겼대!

바로체크

1 맞춤법에 맞게 낱말을 구분해서 쓰세요.

(1) leisure ▸ 삼촌은 승마를 [　　|　　] 로 즐기셔.

(2) message ▸ 친구에게 음성 [　　|　　] 를 남겼다.

2 맞춤법에 맞는 낱말을 고르세요.

(1) 아버지께 전할 [메세지 ┼ 메시지] 가 있으신가요?

(2) 우리 동네에 [레저 ┼ 레져] 시설이 들어올 예정이래.

(3) [소시지 ┼ 소세지] 를 듬뿍 넣은 부대찌개를 먹었어요.

(4) 우리 가족은 저녁마다 [텔레비젼 ┼ 텔레비전] 을 함께 봐.

로보트 ✕	로봇 ○	케익 ✕	케이크 ○

명 robot
사람의 일을 할 수 있게 만든 기계.

- 로봇 장난감을 샀다.
- 로봇이 음식을 나르는 식당도 있다.

🅱 암기b법

로켓 타고 싶은 **로봇**
카**펫** 위에 떨어진 도**넛**

명 cake
얇고 납작하게 구운 서양식 빵.

- 생일 축하 케이크를 샀다.
- 케이크에 초를 꽂고 소원을 빌었다.

생일엔 **케이크**에 스테이크

1 맞춤법에 맞게 낱말을 구분해서 쓰세요.

(1) robot ▶ 요즘에는 [   ]을 이용해 수술하기도 해.

(2) cake ▶ 동생의 생일이라서 [   ]를 만들었다.

2 맞춤법에 맞는 낱말을 고르세요.

(1) [로켓 ─ 로케트] 이/가 불꽃을 내뿜으며 날아갔다.

(2) 식사를 마치고 후식으로 [도넛 ─ 도너츠] 을/를 먹었다.

(3) 짝꿍에게 내가 직접 만든 [케익 ─ 케이크] 을/를 선물했다.

(4) 위험한 현장에 사람 대신 [로봇 ─ 로보트] 을/를 투입하기도 해.

헷갈림 지수 ☺☺☺☺☺

| 초콜렛 ✕ | 초콜릿 ○ | 카라멜 ✕ | 캐러멜 ○ |

명 chocolate
카카오나무 열매를 이용해 만든 간식.

• 달콤한 초콜릿을 먹으면 기분이 좋아.
• 아이스크림은 초콜릿 맛으로 주세요.

명 caramel
졸여서 굳힌 사탕의 하나.

• 캐러멜이 이에 달라붙었다.
• 캐러멜을 살살 빨아 먹었다.

암기b법

공부하러 갈 땐 느**릿**느**릿**
초콜릿 먹으러 갈 땐 빠**릿**빠**릿**

크리스마스엔
캐럴 들으며 **캐러멜** 먹을까?

1 맞춤법에 맞게 낱말을 구분해서 쓰세요.

(1) chocolate ▶ [ ] 을 살살 녹여 먹었다.

(2) caramel ▶ [ ] 이 녹아서 손이 끈적거린다.

2 맞춤법에 맞는 낱말을 고르세요.

(1) 밸런타인데이에는 [초콜릿 / 초콜렛] 이 많이 팔린다.

(2) [카라멜 / 캐러멜] 을 먹은 뒤에는 이를 잘 닦아야 해.

(3) 크리스마스를 맞아 거리마다 [캐럴 / 케럴] 이 울려 퍼졌다.

(4) 약이 너무 써서 약을 먹은 다음에 [초코렛 / 초콜릿] 을 먹었다.

팬더 ✕	판다 ○	블럭 ✕	블록 ○
	⑲panda 몸통은 희고 눈, 귀, 다리는 검은색인 곰.		⑲block 쌓아 올리도록 만든 장난감.

- 판다를 보러 동물원에 갔다.
- 아기 판다가 대나무를 먹고 있다.

- 생일 선물로 블록을 받았어.
- 블록 쌓기 놀이를 하고 있다.

암기b법

판다는 안 판다.

알록달록 블록

1 맞춤법에 맞게 낱말을 구분해서 쓰세요.

(1) panda ▶ ☐ 전용 동물원이 있는 나라도 있다.

(2) block ▶ 동생이 제일 좋아하는 장난감은 ☐ 이야.

2 맞춤법에 맞는 낱말을 고르세요.

(1) [판다] [팬더] 는 대나무를 좋아한다.

(2) 골판지로 만든 대형 [블럭] [블록] 이 출시될 예정이래.

(3) 경기도의 한 놀이공원에 있는 [펜더] [판다] 가 인기를 끌고 있다.

(4) [불록] [블록] 으로 쌓기 놀이를 하면 손 근육 발달에 도움이 된다.

소리 내어 읽어 보렴!
살짝 헷갈리다가도
딱, 감이 잡힐 거야.

돈까스 ✕	돈가스 ○	센치미터 ✕	센티미터 ○

일 ton[豚]kasu	영 centimeter
돼지고기에 빵가루를 묻혀 튀긴 음식.	길이의 단위. cm.

- 학교 급식에 돈가스가 나왔다.
- 아빠가 해 주시는 돈가스가 제일 맛있어.

- 내 키는 145센티미터야.
- 이 줄의 길이는 몇 센티미터야?

암기b법

'까페' 아니고 '카페'
'돈**까**스' 아니고 '**돈가스**'

내가 5**센티미터** 컸으니까
새 팬**티**는 내 거!

→ **TIP** '생선가스'도 함께 알아 두자.

바로체크

1 맞춤법에 맞게 낱말을 구분해서 쓰세요.

(1) ton[豚]kasu ▸ [   ] 를 소스에 찍어 먹었다.

(2) centimeter ▸ 3[   ] 의 눈이 쌓였다.

2 맞춤법에 맞는 낱말을 고르세요.

(1) 가족과 함께 [까페 ┤ 카페] 에 갔어.

(2) [돈가스 ┤ 돈까스] 는 매일 먹어도 질리지 않아!

(3) 동생은 일 년에 7 [센티미터 ┤ 센치미터] 씩 크고 있다.

TIP
(4) 그 식당은 크기가 매우 큰 [생선까스 ┤ 생선가스] 를 팔아서 유명해졌다.

1 맞춤법에 맞으면 ○표, 틀리면 ×표 하기

❶ 나 <u>캐러멜</u> 하나만 줘. □

❷ 끝까지 힘내라. <u>화이팅!</u> □

❸ 제발 발바닥은 <u>간질이지</u> 마. □

❹ 각자 맡은 <u>역활</u>에 충실해야 해. □

❺ 아이가 <u>널따란</u> 아빠 품에 안겼다. □

❻ 휴대 전화에 알림 <u>메시지</u>가 떴다. □

❼ 아빠, 오늘은 <u>돈까스</u> 튀겨 주세요. □

❽ 부모님은 커피를 드시고, 나는 <u>주스</u>를 마셨어. □

❾ 나는 앞으로 <u>로봇</u>을 연구하는 일을 하고 싶어. □

❿ 사람이 평생 흘리는 눈물의 양은 <u>얼만큼</u>이나 될까? □

2 잘못 쓴 글자에 ×표 하고, 고쳐 쓰기

❶ 삼촌은 | 레 | 져 | 회사에서 일하셔.

　　　　→ (　　　　　　)

❷ 아빠, | 리 | 모 | 콘 |이 고장 났어요.

　　　　→ (　　　　　　)

❸ 너는 키가 몇 | 센 | 치 | 미 | 터 |야?

　　　　→ (　　　　　　)

❹ 이 근처에는 | 수 | 퍼 | 마 | 켓 |이 없어.

　　　　→ (　　　　　　)

❺ | 희 | 안 | 한 | 방법으로 문제를 풀었다.

　　　　→ (　　　　　　)

❻ | 천 | 정 |이 낮으면 답답한 느낌이 들어.

　　　　→ (　　　　　　)

❼ 날이 더워서 | 초 | 콜 | 렛 |이 다 녹았네!

　　　　→ (　　　　　　)

❽ 동생의 | 오 | 도 | 방 | 정 |에 피식 웃음이 났다.

　　　　→ (　　　　　　)

❾ 냉장고에 달걀이 있으니까 | 후 | 라 | 이 |를 해 먹자.

　　　　→ (　　　　　　)

❿ 너의 선택이 | 옳 | 발 | 랐 | 다 | 는 | 것을 이제 알았어.

　　　　→ (　　　　　　)

3 틀린 낱말에 밑줄 긋고, 바르게 고쳐 쓰기

❶ 후라이팬 색깔이 참 희한하네!

→ (   )

❷ 네가 간지러서 주스를 쏟았잖아!

→ (   )

❸ 케익을 먹다가 카펫 위에 떨어뜨렸어.

→ (   )

❹ 캐러멜을 먹으며 블럭 쌓기 놀이를 했어.

→ (   )

❺ 리모컨이 없어서 에어콘을 틀 수가 없어.

→ (   )

❻ 널따란 사육장에 팬더 한 마리가 앉아 있었다.

→ (   )

❼ 슈퍼마켓에서 뛰어다닌 건 옳바른 행동이 아니야.

→ (   )

❽ 로봇 청소기 먼지통을 비워야 한다는 메세지가
떴어. → (   )

❾ 바닥부터 천장까지 몇 센티미터인지 궁금해서
재 보았어. → (   )

❿ 초코렛이 맛있다고 이렇게 오두방정 떠는 사람
은 네가 처음이야. → (   )

4 알맞은 낱말을 골라 문장 완성하기

❶ 역할 ─ 역활

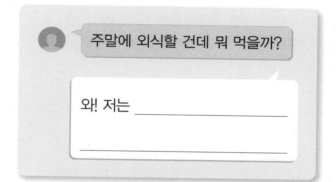

선생님: 이번 연극에서 ＿＿＿＿＿＿

＿＿＿＿＿＿＿＿＿

미소: 저는 주인공을 해 보고 싶어요.

❷ 돈까스 ─ 돈가스

주말에 외식할 건데 뭐 먹을까?

와! 저는 ＿＿＿＿＿＿＿

＿＿＿＿＿＿＿＿＿

❸ 얼마큼 ─ 얼만큼

맞춤법 능력 평가 2회

• **시험 범위:** 21~40DAY 맞춤법 어휘 총 120개

점수: / 100점

(   ) 초등학교   (   )학년 (   )반 (   )번   이름 (   )

※ 문항 수(20문항)와 면수(4면)를 확인하시오.
※ 학교명, 학년, 반, 번호, 이름을 정확히 쓰시오.

01

낱말의 뜻으로 알맞은 것은 무엇입니까? (   )

① **체**: 있는 상태 그대로.
② **데로**: 어떤 모양이나 상태 그대로.
③ **로써**: 재료나 방법을 나타내는 말.
④ **-장이**: 어떤 성질을 많이 가진 사람.
⑤ **말라**: 직접적으로 명령할 때 쓰는 말.

02

뜻에 알맞은 말을 보기 에서 찾아 쓰시오.

보기			
-던	-든	-대	-데
-러	-려	-죠	줘

(1) '-지요'의 준말. (   )

(2) '-더라'의 뜻을 전하는 말. (   )

(3) 가거나 오는 목적을 나타내는 말.
(   )

(4) 무엇을 선택해도 상관없음을 나타내는 말.
(   )

03

밑줄 친 '되다'를 바르게 활용하지 못한 것은 무엇입니까?
(   )

① 다음번에 잘하면 <u>되니까</u> 힘을 내.
② 중학생이 <u>되면</u> 더 열심히 공부할게요.
③ 새로 산 교재는 나에게 많은 도움이 <u>되고</u> 있어.
④ 할아버지 생신이어서 친척들이 모두 모이게 <u>됐다</u>.
⑤ 건축가가 <u>되서</u> 부모님께 멋진 집을 지어 드릴 거야.

04

보기 와 같이 낱말을 바꾸어 쓰려고 합니다. 바르게 바꾼 것은 무엇입니까? (   )

보기
그리다 - 그림

① 살다 - 삼   ② 자다 - 잚
③ 꾸다 - 꿈   ④ 알다 - 앎
⑤ 바라다 - 바램

05

밑줄 친 말이 모두 바르게 쓰인 것은 무엇입니까? (   )

① 감소율 / 독서양 / 학습난 / 곰곰이
② 감소율 / 독서량 / 학습란 / 곰곰이
③ 감소률 / 독서량 / 학습난 / 곰곰이
④ 감소률 / 독서량 / 학습란 / 곰곰히
⑤ 감소률 / 독서양 / 학습난 / 곰곰히

06

외래어의 표기가 바른 것을 모두 찾아 기호를 쓰시오.

| ㉮ 초콜릿 | ㉯ 에어컨 | ㉰ 로보트 |
| ㉱ 케이크 | ㉲ 돈까스 | ㉳ 센치미터 |

(   )

07

밑줄 친 낱말을 바르게 쓴 것은 무엇입니까? (   )

① 이것 좀 계시판에 붙여 줘.
② 먼저 건더기를 건져 먹었어.
③ 부족한 갯수만큼 새로 사 왔어.
④ 새 학기를 맞아 각자 역활을 다시 정했어.
⑤ 폭팔 사고가 일어나지 않도록 조심해야 해.

08

맞춤법에 맞지 <u>않는</u> 낱말이 들어 있는 문장을 찾아 기호를 쓰시오.

| ㉮ 굳이 마중 나오지 않아도 돼. |
| ㉯ 사탕을 한 움큼 쥐어 주었다. |
| ㉰ 오랫만에 만나니 정말 반갑다. |

(   )

09

빈칸에 들어갈 낱말이 바르게 짝 지어진 것은 무엇입니까?
(   )

① 방문을 단단히 _____ 잤다. → 잠구고
② 대화 중에 불쑥 _____ 마. → 끼여들지
③ 산낙지를 _____로 꿀꺽 삼켰다. → 통채
④ _____에게는 예의를 지켜야 해. → 웃사람
⑤ 빨리 _____ 계단을 두 칸씩 올라갔다. → 가려고

10

밑줄 친 낱말을 맞춤법에 맞게 고쳐 쓴 것은 무엇입니까?
(   )

① 곱배기를 먹었는데도 배가 고파. → 꼽빼기
② 아기의 발바닥을 살살 간지렀다. → 간질렀다
③ 촛점 없는 눈으로 멍하니 바라보았다. → 촛쩜
④ 밀가루와 우유는 얼만큼 준비하면 되나요? → 얼마큼
⑤ 사람들이 시끌벅쩍 떠드는 소리가 들렸다. → 시끌뻑쩍

11

다음 글에서 밑줄 친 낱말을 바르게 고쳐 쓰시오.

> 담을 따라 걷다가 우뚝 솟은 대문을 만났어요. 이렇게 담보다 높게 만든 대문을 '솟을대문'이라고 해요. 가마나 말이 집 안으로 자유롭게 드나들 수 있도록 높게 지은 거예요. 대문을 열고 집 안으로 들어가자 넓다란 마당이 나타났어요. 마당에서는 고추를 말리고 있었어요.

(   )

12

밑줄 친 제품 이름이 맞춤법에 맞는 것을 두 가지 찾아 기호를 쓰시오.

| ㉮ 이번에 설레임 새로운 맛이 나왔대. |
| ㉯ 땅콩 카라멜은 땅콩이 씹혀서 고소해. |
| ㉰ 아침에 주스는 포도 맛이 제일 맛있어. |
| ㉱ 육개장 사발면은 깊은 국물 맛이 일품이야. |

(   )

[13~14] 다음 글을 읽고, 물음에 답하시오.

어느 날 부여의 왕 금와왕이 사냥을 나갔다가 물의 신인 하백의 딸 유화 부인을 만났어요. 유화 부인은 하늘 신의 아들 해모수와 몰래 사랑에 빠져 쫓겨났다고 했어요.

금와왕은 이를 안타깝게 여겨 유화 부인을 궁으로 데려갔어요. 그런데 ⊙몇 일 뒤 ⓒ희안한 일이 일어났어요. 햇빛이 유화 부인을 계속 따라다니며 유화 부인의 몸을 비추는 것이었어요. ⓒ그리고 나서 유화 부인은 커다란 알을 낳았어요.

금와왕은 깜짝 놀라 말했어요.

"ⓔ도데체 무슨 일이냐? 불길한 일이 일어날 것 같으니 알을 숲속에 내다 버려라."

그런데 숲속 짐승들은 알을 함부로 ⓜ건들이지 않았고 심지어 따뜻이 품어 주었어요. 이 사실을 안 금와왕은 유화 부인에게 알을 돌려주었어요.

얼마 후 알에서 [ⓗ] 사내아이가 태어났어요. 이 아이가 바로 고구려를 세운 '주몽'이에요.

13

⊙~ⓜ을 바르게 고치지 <u>못한</u> 것은 무엇입니까? (　　)

① ⊙: 며칠　　　　② ⓒ: 희한한

③ ⓒ: 그러구 나서　④ ⓔ: 도대체

⑤ ⓜ: 건드리지

14

빈칸에 들어갈 말이 ⓗ에 들어갈 말과 같지 <u>않은</u> 것은 무엇입니까?　　　　　　　　　　　　　　　(　　)

① 네가 □일로 지각을 했니?

② □만큼 먹어야지 너무 많이 먹었구나!

③ □만하면 참으려고 했는데 도저히 못 참겠다.

④ 열심히 공부했지만 □지 시험을 망칠 것 같아.

⑤ 비가 금방 그칠 줄 알았는데 □걸, 더 많이 내리네.

[15~16] 다음 글을 읽고, 물음에 답하시오.

중국, 대만, 홍콩 사람들은 예로부터 붉은색이 부귀와 행운을 가져온다고 믿었다. 그래서 건축물 [⊙]에는 붉은색이 넘친다. 벽, 기둥, 간판, 현관과 편액(방 안이나 문 위에 거는 가로로 된 긴 액자)까지도 붉은색인 경우가 많다. ⓒ집집마다 대문에는 빨간색으로 된 사각형의 종이에 '복(福)' 자를 쓴 장식이 꺼꾸로 붙어 있는데, 이것은 복이 쏟아져 들어오라는 메세지를 담고 있다. 그 외에 사람들의 옷이나 다양한 상품들에도 붉은색을 많이 사용한다.

15

⊙에 들어갈 낱말로 알맞은 것은 무엇입니까?　　(　　)

① 안박　　　　　　② 안밖

③ 안팍　　　　　　④ 안퐉

⑤ 안팎

16

ⓒ을 고쳐 쓰는 방법으로 알맞은 것은 무엇입니까? (　　)

① '꺼꾸로'를 '꺼꿀로'로 고쳐 쓴다.

② '꺼꾸로'를 '거꾸로'로 고쳐 쓴다.

③ '메세지'를 '매시지'로 고쳐 쓴다.

④ '메세지'를 '매세지'로 고쳐 쓴다.

⑤ '빨간색'을 '빨강색'으로 고쳐 쓴다.

[17~18] 다음 글을 읽고, 물음에 답하시오.

꿩은 옛날부터 사람들이 귀한 동물로 여겼던 새
[㉠]. ㉮수꿩은 '장끼', 암꿩은 '까투리', 새
끼는 '꺼병이'라고 불러요.

사람들은 꿩을 다양한 방법으로 이용했어요. 사
냥을 할 때 이용하기도 했고, 꿩의 깃털을 모자에
달아 멋을 내기도 했어요.

또 꿩은 맛이 훌륭해서 꿩을 이용해서 여러 가
지 음식을 만들어 먹었어요. 설날 아침에는 꿩고
기로 국물을 우려내 떡국을 끓여 먹었지요. 그런
데 꿩은 쉽게 구할 수가 없었어요. 그래서 꿩을 구
하지 못하면 꿩과 비슷하게 생긴 닭을 잡아 국물
을 우려냈어요. 여기에서 나온 말이 '꿩 대신 닭'
[㉡]. 꼭 적당한 것이 없을 때 그와 비슷한
것으로 대신하는 경우를 뜻하는 말이지요.

17

㉠과 ㉡에 들어갈 말이 알맞게 짝 지어진 것은 무엇입니까?
(   )

	㉠	㉡
①	에요	이에요
②	에요	이예요
③	예요	이에요
④	예요	이예요
⑤	이예요	이에요

18

㉮처럼 수컷을 나타낼 때 앞에 '수-'를 붙이는 동물을 찾아
쓰시오.

소 양 쥐 염소

(   )

[19~20] 다음 글을 읽고, 물음에 답하시오.

일 년을 규칙적으로 반복되는 자연 현상에 따라
구분한 것을 '계절'이라고 한다. 우리나라는 중위
도에 위치해 있어 봄, 여름, 가을, 겨울의 사계절
이 뚜렷한 편이다.

계절이 바뀌는 이유는 지구가 자전축이 기울어
진 ㉠채 태양 주위를 돌기 때문이다. 이 때문에
태양의 남중 고도가 달라져서 계절의 변화가 나타
난다. 남중 고도는 하루 중 태양의 고도가 가장 높
을 때의 고도를 말한다. 태양의 남중 고도가 높아
지면 기온이 올라가 여름이 되고, 태양의 남중 고
도가 낮아지면 기온이 내려가 겨울이 된다.

㉡앞으로도 지구가 태양 주위를 도는 것을 멈추
지 안는다면 계절의 변화는 계속될 것이다. 그러
나 요즈음은 이상 기후 현상으로 인해 계절의 변
화 모습이 조금씩 달라지고 있다. 사계절이 뚜렷
한 우리나라도 봄과 가을이 짧아지고 있다.

19

㉠을 넣어 문장을 만들어 쓰시오.

_____

_____

20

㉡에서 잘못 쓴 낱말을 찾아 바르게 고쳐 쓰시오.

(   ) → (   )

오늘도 한 뼘 자랐습니다

주제별 단기완성
기적특강

그만 틀리고 싶은
초등 고학년
맞춤법

정답 및 해설
& 어휘 찾아보기

길벗스쿨

 정답 및 해설

1DAY 12~15쪽

12쪽

1 (1) 맞추면 (2) 맞히면
2 (1) 맞힐 (2) 맞춰
  (3) 맞혔다 (4) 맞추기

13쪽

1 (1) 가리키며 (2) 가르치며
2 (1) 가르쳐 (2) 가르치신다
  (3) 가리켰습니다 (4) 가리키지

14쪽

1 (1) 잃었다 (2) 잊었다
2 (1) 잃은 (2) 잊으려고
  (3) 잊지 (4) 잃어버렸나

15쪽

1 (1) 바랬다 (2) 바랐다
2 (1) 바래서 (2) 바랐다
  (3) 바랬다 (4) 바라는

2DAY 16~19쪽

16쪽

1 (1) 두터운 (2) 두꺼운
2 (1) 두터워 (2) 두껍고
  (3) 두터운 (4) 두꺼운

17쪽

1 (1) 부수고 (2) 부시고
2 (1) 부쉈다 (2) 부셔
  (3) 부시라고요 (4) 부실

18쪽

1 (1) 찢었다 (2) 찢었다
2 (1) 찢었다 (2) 찢었다
  (3) 찢어서 (4) 찢어

19쪽

1 (1) 제치고 (2) 젖히고
2 (1) 젖혔다 (2) 제쳐
  (3) 제치고 (4) 젖혔다

3DAY 20~23쪽

20쪽

1 (1) 받치고 (2) 바치고
2 (1) 받쳐 (2) 바쳤다
  (3) 받치고 (4) 바쳤다

21쪽

1 (1) 틀렸어 (2) 달랐어
2 (1) 틀린 (2) 다르다
  (3) 틀린 (4) 달라서

22쪽

1 (1) 작은데 (2) 적은데
2 (1) 작은 (2) 적어서
  (3) 작아서 (4) 작은 / 적어요

23쪽

1 (1) 닿았어 (2) 닫았어
2 (1) 닫을까 (2) 닿았다
  (3) 닫아서 (4) 닿는

4DAY 24~25쪽

1 ❶ ○ ❷ × ❸ × ❹ ×
  ❺ × ❻ ○ ❼ × ❽ ○
  ❾ ○ ❿ ○

2 ❶ 텁 → 두껍네 ❷ 적어 → 작아요
  ❸ 찢 → 찢었다 ❹ 바 → 받치고
  ❺ 르치 → 가리키고 ❻ 쉬 → 부셔라
  ❼ 틀리 → 다르게 ❽ 란 → 바랜
  ❾ 잃 → 잊으면 ❿ 달 → 닿았다

3 ❶ 바래 → 바라 ❷ 두터웠다 → 두꺼웠다
  ❸ 맞히는 → 맞추는 ❹ 부시고 → 부수고
  ❺ 틀리네요 → 다르네요 ❻ 제치고 → 젖히고
  ❼ 찢었어 → 찢었어 ❽ 바라고 → 바래고
  ❾ 잊었다 → 잃었다 ❿ 닿고 → 닫고

4 ❶ 예 고기가 너무 두꺼운 것 같아요.
  ❷ 예 너는 아빠와 다르게 생겼구나.
  ❸ 예 엄마를 잃었니?

5DAY
26~29쪽

26쪽
1 (1) 좇았다 (2) 좇았다
2 (1) 좇으며 (2) 좇고
(3) 좇겠습니다 (4) 좇고 쫓기는

27쪽
1 (1) 낳지 (2) 낫지
2 (1) 낳았어 (2) 낫는
(3) 낫니 (4) 낳았다

28쪽
1 (1) 이따가 (2) 있다가
2 (1) 이따가 (2) 이따가
(3) 있다가 (4) 있다가

29쪽
1 (1) 늘릴까 (2) 늘일까
2 (1) 늘여 (2) 늘였다
(3) 늘리는 (4) 늘릴

6DAY
30~33쪽

30쪽
1 (1) 비치고 (2) 비추고
2 (1) 비추어 (2) 비치고
(3) 비추었다 (4) 비치고

31쪽
1 (1) 벌이고 (2) 벌리고
2 (1) 벌리고 (2) 벌려
(3) 벌일 (4) 벌였다

32쪽
1 (1) 들리지 (2) 들르지
2 (1) 들렀어 (2) 들러
(3) 들렀다 (4) 들리는

33쪽
1 (1) 썩으면 (2) 섞으면
2 (1) 썩어서 (2) 썩은
(3) 섞으면 (4) 섞어서

7DAY
34~37쪽

34쪽
1 (1) 너비 (2) 넓이
2 (1) 넓이 (2) 너비
(3) 너비 (4) 넓이

35쪽
1 (1) 껍질 (2) 껍데기
2 (1) 껍질 (2) 껍데기
(3) 껍질 (4) 껍데기

36쪽
1 (1) 출연 (2) 출현
2 (1) 출연 (2) 출현
(3) 출연 (4) 출현

37쪽
1 (1) 햇빛 (2) 햇볕
2 (1) 햇볕 (2) 햇볕
(3) 햇빛 (4) 햇빛

8DAY
38~39쪽

1 ❶ ✕ ❷ ○ ❸ ✕ ❹ ✕
❺ ○ ❻ ✕ ❼ ○ ❽ ✕
❾ ○ ❿ ✕

2 ❶ 춘 → 비친 ❷ 려 → 늘여
❸ 낳 → 낫니 ❹ 좇 → 쫓았다
❺ 현 → 출연 ❻ 이따 → 있다가
❼ 이 → 벌리며 ❽ 리 → 들르자
❾ 볕 → 햇빛 ❿ 섞 → 썩은

3 ❶ 있다가 → 이따가 ❷ 껍질 → 껍데기
❸ 늘일 → 늘릴 ❹ 들를 → 들릴
❺ 벌여 → 벌려 ❻ 좇았다 → 쫓았다
❼ 벌렸다 → 벌였다 ❽ 비치고 → 비추고
❾ 낳게 → 낫게 ❿ 출현 → 출연

4 ❶ 예 난 유행을 좇는 편이거든.
❷ 예 밥에 여러 가지 반찬을 섞어서 비벼 줄까?
❸ 예 내가 고구마 껍질을 까 줄게.

9DAY 42~45쪽

42쪽

1 (1) 새어 (2) 세어

2 (1) 셌다 (2) 새고
   (3) 세게 (4) 새지

43쪽

1 (1) 떼었다 (2) 때고

2 (1) 때다 (2) 떼었다
   (3) 떼었다 (4) 떼어서

44쪽

1 (1) 배었어 (2) 베고

2 (1) 베었다 (2) 베고
   (3) 배어 (4) 배어

45쪽

1 (1) 메고 (2) 매고

2 (1) 멘 (2) 매어야
   (3) 매고 (4) 메어

10DAY 46~49쪽

46쪽

1 (1) 식히고 (2) 시키고

2 (1) 시킬까 (2) 시켰다
   (3) 식혔다 (4) 식히는

47쪽

1 (1) 엎어 (2) 업어

2 (1) 업어서 (2) 엎어
   (3) 엎어서 (4) 업고

48쪽

1 (1) 무쳐서 (2) 묻혀서

2 (1) 묻혀 (2) 무친
   (3) 묻혀서 (4) 묻히면서

49쪽

1 (1) 반듯이 (2) 반드시

2 (1) 반듯이 (2) 반드시
   (3) 반듯이 (4) 반드시

11DAY 50~53쪽

50쪽

1 (1) 쌓여 (2) 싸여

2 (1) 쌓여 (2) 쌓인
   (3) 싸인 (4) 싸인

51쪽

1 (1) 집어 (2) 짚고

2 (1) 집다 (2) 짚었다
   (3) 집어 (4) 짚고

52쪽

1 (1) 맡아 (2) 맞는

2 (1) 맞을까 (2) 맡았다
   (3) 맡게 (4) 맞아요

53쪽

1 (1) 갖고 (2) 같은

2 (1) 같다 (2) 갖고
   (3) 같다 (4) 갖다

12DAY 54~55쪽

1 ❶○ ❷× ❸○ ❹○
  ❺× ❻× ❼○ ❽×
  ❾× ❿○

2 ❶ 배 → 베고 ❷ 싸 → 쌓여
  ❸ 드시 → 반듯이 ❹ 무치 → 묻히고
  ❺ 시켜 → 식혀서 ❻ 세 → 새어
  ❼ 집 → 짚고 ❽ 갖 → 같습니다
  ❾ 떼 → 때니 ❿ 엎 → 업어

3 ❶ 맨 → 멘 ❷ 샌 → 센
  ❸ 쌓인 → 싸인 ❹ 배었어 → 베었어
  ❺ 무쳐서 → 묻혀서 ❻ 멜 → 맬
  ❼ 벤 → 밴 ❽ 짚어 → 집어
  ❾ 싸여 → 쌓여 ❿ 묻히게 → 무치게

4 ❶ 예 엄마가 무쳐 주신 시금치나물이 먹고 싶어요.
  ❷ 예 아빠가 심부름을 시켜서 마트에 가.
  ❸ 예 옷에 땀 냄새가 배었네.

13DAY
56~59쪽

56쪽

1 (1) 드러내다　　　(2) 들어내다
2 (1) 들어냈다　　　(2) 드러내는
　　(3) 드러냈다　　　(4) 들어냈다

57쪽

1 (1) 다쳐서　　　　(2) 닫혀서
2 (1) 다쳤어요　　　(2) 닫히지
　　(3) 닫힌　　　　　(4) 닫히는 / 다쳤어

58쪽

1 (1) 부치고　　　　(2) 붙이고
2 (1) 붙일까　　　　(2) 붙였다
　　(3) 부쳤어요　　　(4) 붙였다

59쪽

1 (1) 띠고　　　　　(2) 띄는
2 (1) 띄어　　　　　(2) 띠다
　　(3) 띄지　　　　　(4) 띠고

14DAY
60~63쪽

60쪽

1 (1) 깊다　　　　　(2) 깁다
2 (1) 깊구나　　　　(2) 깊다
　　(3) 깁고　　　　　(4) 깁고

61쪽

1 (1) 덥다　　　　　(2) 덮다
2 (1) 덥네　　　　　(2) 덮습니다
　　(3) 덮고　　　　　(4) 덥고

62쪽

1 (1) 절이고　　　　(2) 저리고
2 (1) 저려요　　　　(2) 절인
　　(3) 절인　　　　　(4) 저려서

63쪽

1 (1) 짓고　　　　　(2) 짖고
2 (1) 지어　　　　　(2) 지었다
　　(3) 짖었다　　　　(4) 지어

15DAY
64~67쪽

64쪽

1 (1) 헤치고　　　　(2) 해치고
2 (1) 헤쳐　　　　　(2) 해칠
　　(3) 해치는　　　　(4) 헤치며

65쪽

1 (1) 졸이면　　　　(2) 조리는
2 (1) 조려서　　　　(2) 조릴까
　　(3) 졸였더니　　　(4) 졸였다

66쪽

1 (1) 걷히기를　　　(2) 거쳐서
2 (1) 걷히니　　　　(2) 거쳐
　　(3) 거쳐　　　　　(4) 걷혔어요

67쪽

1 (1) 빗어　　　　　(2) 빚고
2 (1) 빚었다　　　　(2) 빗고
　　(3) 빗었다　　　　(4) 빚다가

16DAY
68~69쪽

1 ❶ ✕　❷ ✕　❸ ○　❹ ✕
　❺ ✕　❻ ✕　❼ ○　❽ ✕
　❾ ○　❿ ○

2 ❶ 깊 → 깁다　　❷ 붙였 → 부쳤다
　❸ 거쳤 → 걷혔다　❹ 저려 → 절여
　❺ 짓 → 짖는　　　❻ 절이 → 저리면
　❼ 띤 → 띈다　　　❽ 빗 → 빚은
　❾ 조렸 → 졸였다　❿ 짖 → 짓고

3 ❶ 절여서 → 저려서　❷ 빗은 → 빚은
　❸ 다칠 → 닫힐　　　❹ 덥었다 → 덮었다
　❺ 닫힌 → 다친　　　❻ 졸여 → 조려
　❼ 해치고 → 헤치고　❽ 띄며 → 띠며
　❾ 조렸다 → 졸였다　❿ 덮고 → 덥고

4 ❶ 예 테이프로 붙이면 되지 않을까?
　❷ 예 의자 위에 있는 담요를 덮고 있어.
　❸ 예 소파 좀 밖으로 들어내자!

17DAY
70~73쪽

70쪽

1 (1) 해어졌다   (2) 헤어졌다

2 (1) 헤어질   (2) 헤어졌어
   (3) 해어져   (4) 해어졌다

71쪽

1 (1) 묵었어   (2) 묶었어

2 (1) 묵은   (2) 묶어서
   (3) 묶으면   (4) 묵게

72쪽

1 (1) 붓다   (2) 붇다

2 (1) 붓고   (2) 불었다
   (3) 붓는다   (4) 붇기

73쪽

1 (1) 다리고   (2) 달이고

2 (1) 다려   (2) 다렸다
   (3) 달여   (4) 달여

18DAY
74~77쪽

74쪽

1 (1) 결재   (2) 결제

2 (1) 결재   (2) 결제
   (3) 결재   (4) 결제

75쪽

1 (1) 안치고   (2) 앉히고

2 (1) 안쳤어   (2) 앉혔다
   (3) 앉혀   (4) 앉히고

76쪽

1 (1) 젓다   (2) 젖다

2 (1) 젖었다   (2) 젖어
   (3) 저어   (4) 저으면

77쪽

1 (1) 너머   (2) 넘어

2 (1) 너머   (2) 넘어
   (3) 너머   (4) 넘어야

19DAY
78~81쪽

78쪽

1 (1) 거름   (2) 걸음

2 (1) 거름   (2) 걸음
   (3) 거름   (4) 걸음

79쪽

1 (1) 곧   (2) 곳

2 (1) 곧   (2) 곳
   (3) 곳 / 곧   (4) 곧 / 곳

80쪽

1 (1) 새웠다   (2) 세웠다

2 (1) 세우고   (2) 새웠어요
   (3) 새웠어   (4) 세워

81쪽

1 (1) 어떡해   (2) 어떻게

2 (1) 어떻게   (2) 어떡해
   (3) 어떡해   (4) 어떻게

20DAY
82~83쪽

1 ❶ ○   ❷ ○   ❸ ×   ❹ ○
   ❺ ×   ❻ ×   ❼ ○   ❽ ×
   ❾ ○   ❿ ×

2 ❶ 저 → 젖었네   ❷ 재 → 결제
   ❸ 분 → 붓고   ❹ 떻게 → 어떡해
   ❺ 너머 → 넘어   ❻ 새 → 세워
   ❼ 젖 → 젓다가   ❽ 앉혀 → 안쳐서
   ❾ 해 → 헤어지게   ❿ 다려 → 달여서

3 ❶ 앉히러 → 안치러   ❷ 어떡해 → 어떻게
   ❸ 붇고 → 붓고   ❹ 다려야 → 달여야
   ❺ 넘어 → 너머   ❻ 어떻게 → 어떡해
   ❼ 결제 → 결재   ❽ 해어지는 → 헤어지는
   ❾ 세워서 → 새워서   ❿ 헤어진 → 해어진

4 ❶ 예 저는 풍경이 아름다운 곳에 가고 싶어요.
   ❷ 예 라면이 다 불었어?
   ❸ 예 비를 맞아서 옷이 젖고 있어.

01 ②
02 (1) 세다 (2) 걷히다 (3) 달이다
03 (1) 지나 (2) 꼭 (3) 길게
04 ④   05 ①
06 ④   07 ③
08 ②   09 ㉮
10 ③   11 베어서
12 껍데기 → 껍질   13 ⑤
14 ④   15 ④
16 집어   17 ③
18 ①   19 ②
20 예 맡은 일에 최선을 다해야 한다.

01 '업다'는 '등에 붙어 있게 하다.'라는 뜻입니다. '뒤집 거나 넘어지게 하다.'라는 뜻을 가진 낱말은 '엎다'입 니다.

02 '사물의 수를 헤아리다.'라는 뜻을 가진 낱말은 '세 다'이고, '구름이나 안개 등이 없어지다.'라는 뜻을 가진 낱말은 '걷히다'이며, '우러나거나 진하게 되도 록 끓이다.'라는 뜻을 가진 낱말은 '달이다'입니다.

03 (1)의 '넘어'는 '어떤 것을 지나.', (2)의 '반드시'는 '틀 림없이 꼭.', (3)의 '늘이다'는 '원래보다 더 길게 하 다.'라는 뜻입니다.

04 빈칸에 공통으로 들어갈 알맞은 낱말은 '아이, 새끼, 알을 몸 밖으로 내보냈다.'라는 뜻의 '낳았다'입니다.

05 '더운 기운을 없애다.'라는 뜻을 가진 '식히다'가 들 어가기에 알맞은 문장은 ①입니다. ②~⑤에는 '시키 다'가 들어가기에 알맞습니다.

06 ①은 '급식 당번을 맡았다.'로, ②는 '답이 맞는지 확 인해 주세요.'로, ③은 '나는 냄새를 잘 맡는 편이다.' 로, ⑤는 '마당에서 눈을 맞으며 눈싸움을 했다.'로 고쳐 써야 합니다.

07 ①에는 '곧', ②에는 '매고', ④에는 '바랐다', ⑤에는 '갖고'가 들어가야 합니다.

08 ①은 '풀어진 신발 끈을 묶었다.'로, ③은 '내가 산 볼 펜과 다른 색깔이네.'로, ④는 '삼촌께서 택배로 쌀

을 부치셨어요.'로, ⑤는 '문구점이 문을 닫아서 형 광펜을 못 샀다.'로 고쳐 써야 합니다.

09 ㉮의 '해어졌다'가 맞춤법에 맞지 않는 낱말로, '헤어 졌다'로 고쳐 써야 합니다. '해어지다'는 '닳아서 구 멍이 나거나 찢어지다.'라는 뜻입니다.

10 ③은 '볼에 붙은 밥풀을 떼다.'로 고쳐 써야 합니다.

11 '배어서'는 '스며들거나 스며 나와서.'라는 뜻으로 문 장에 맞지 않습니다. 따라서 '잘라서.'라는 뜻을 가 진 '베어서'로 고쳐 쓰는 것이 알맞습니다.

12 사과의 겉을 싸고 있는 것은 단단하지 않으므로, '껍 데기'가 아닌 '껍질'이 맞춤법에 맞는 표현입니다.

13 ㉠은 전갈에 찔리면 조금 아프거나 살갗이 살짝 불 룩하게 솟아오르기만 할 뿐 크게 다치지는 않는다는 뜻의 문장이므로, '붇기만'을 '붓기만'으로 고쳐야 합 니다.

14 ㉡에는 '존재하지 않다.'라는 뜻의 '없다'가 들어가기 에 알맞습니다.

15 '무치면서'의 기본형인 '무치다'는 '양념을 넣고 섞 다.'라는 뜻으로, ㉠은 맞춤법에 맞는 낱말이므로 고 치지 않아도 됩니다.

16 젓가락으로 시금치무침을 잡고 들어서 먹었다는 의 미가 되도록 '집어'가 들어가야 합니다.

17 주어진 뜻을 가진 낱말은 '들르다'입니다.

18 ㉡은 키가 보통보다 덜하다는 뜻이므로 '작은'을 써 야 알맞고, ㉢은 약속을 기억하라는 뜻이므로, '잊 지'를 써야 알맞습니다. ㉣은 아저씨가 알려 주는 방 향에 앉았다는 뜻이므로 '가리키는'을 써야 알맞고, ㉤은 혼날까 봐 초조했다는 뜻이므로 '졸였지만'을 써야 합니다.

19 ㉠에는 뿌리를 보인다는 뜻이 되도록 '드러내요'가 들어가야 알맞고, ㉡에는 음식이 상한 듯한 냄새가 난다는 뜻이 되도록 '썩은'이 들어가야 알맞습니다.

20 '어떤 일이나 역할을 하다.'라는 뜻을 가진 '맡다'를 넣어 문장을 써 봅니다.

정답 및 해설

21DAY
90~93쪽

90쪽

1 (1) 안 (2) 않다

2 (1) 안 (2) 않았다
(3) 안 (4) 않아서

91쪽

1 (1) 든 / 든 (2) 사용했던

2 (1) 파랗던 (2) 가든
(3) 좋아했던 (4) 하든지

92쪽

1 (1) 로서 (2) 로써

2 (1) 나로서는 (2) 사람으로서
(3) 올해로써 (4) 실력으로써

93쪽

1 (1) 웬 (2) 왠지

2 (1) 웬 (2) 왠지
(3) 웬 (4) 웬만큼

22DAY
94~97쪽

94쪽

1 (1) 돼 (2) 되니까

2 (1) 돼 (2) 되어
(3) 돼서 (4) 되고

95쪽

1 (1) 봬요 (2) 뵈니

2 (1) 봬요 (2) 뵐
(3) 뵀다 (4) 뵈었을

96쪽

1 (1) 가겠대 (2) 잘하데

2 (1) 착하대 (2) 같데
(3) 맛있데 (4) 괜찮대

97쪽

1 (1) 대로 (2) 데로

2 (1) 데로 (2) 대로
(3) 데로 (4) 대로만

23DAY
98~101쪽

98쪽

1 (1) 사과예요 (2) 귤이에요

2 (1) 어디예요 (2) 반지예요
(3) 날이에요 (4) 아니에요

99쪽

1 (1) 토끼였다 (2) 뱀이었다

2 (1) 날씨였다 (2) 행운이었다
(3) 일이었다 (4) 부자였다

100쪽

1 (1) 잡으시오 (2) 책이요

2 (1) 마시오 (2) 아니요
(3) 멈추시오 (4) 큰딸이요

101쪽

1 (1) 마라 (2) 말라

2 (1) 마라 (2) 말라는
(3) 말아라 (4) 말라고

24DAY
102~103쪽

1 ❶ × ❷ ○ ❸ ○ ❹ ○
❺ × ❻ ○ ❼ ○ ❽ ○
❾ × ❿ ×

2 ❶ 요 → 오십시오 ❷ 데 → 대로
❸ 에 → 예요 ❹ 데 → 논대
❺ 돼 → 되면 ❻ 웬 → 왠지
❼ 던 → 선택하든 ❽ 안 → 않아서
❾ 마 → 말라고 ❿ 서 → 로써

3 ❶ 데로 → 대로
❷ 됬습니다 → 됐습니다(되었습니다)
❸ 배우십시요 → 배우십시오
❹ 봬러 → 뵈러 ❺ 웬지 → 왠지
❻ 대로 → 데로 ❼ 않 → 안
❽ 놀대 → 놀데 ❾ 되 → 돼(되어)
❿ 게임이였어 → 게임이었어

4 ❶ 예 아니, 안 왔어. / 아니, 오지 않았어.
❷ 예 아니요, 제가 안 깼어요.
❸ 예 국가대표로서 최선을 다했어요.

104쪽

1 (1) 깨끗이　　　(2) 꾸준히

2 (1) 따뜻이　　　(2) 꼼꼼히
(3) 가득히　　　(4) 틈틈이

105쪽

1 (1) 개구쟁이　　(2) 대장장이

2 (1) 멋쟁이　　　(2) 거짓말쟁이
(3) 옹기장이　　(4) 도배장이

106쪽

1 (1) 운동량　　　(2) 소금양

2 (1) 구름양　　　(2) 학습량
(3) 강수량　　　(4) 에너지양

107쪽

1 (1) 광고란　　　(2) 스포츠난

2 (1) 정답란　　　(2) 독자란
(3) 칼럼난　　　(4) 어린이난

108쪽

1 (1) 출석률　　　(2) 증가율

2 (1) 취업률　　　(2) 투표율
(3) 이용률　　　(4) 할인율

109쪽

1 (1) 깨끗지　　　(2) 간편치

2 (1) 흔치　　　　(2) 익숙지
(3) 용서치　　　(4) 섭섭지

110쪽

1 (1) 채　　　　　(2) 체

2 (1) 체　　　　　(2) 체
(3) 채　　　　　(4) 채로

111쪽

1 (1) 웃돈　　　　(2) 윗동네

2 (1) 웃통　　　　(2) 웃어른
(3) 윗방　　　　(4) 윗니

112쪽

1 (1) 숫양　　　　(2) 수탉

2 (1) 수소　　　　(2) 수평아리
(3) 숫쥐　　　　(4) 수캐

113쪽

1 (1) 빌리러　　　(2) 먹으려

2 (1) 감추려　　　(2) 사러
(3) 출발하려　　(4) 잡으러

114쪽

1 (1) 되므로　　　(2) 함으로써

2 (1) 어겼으므로　(2) 들리므로
(3) 돌림으로　　(4) 도움으로써

115쪽

1 (1) 맞죠　　　　(2) 줘

2 (1) 줘　　　　　(2) 피겠죠
(3) 줘　　　　　(4) 힘들죠

1 ❶ ✕　❷ ○　❸ ○　❹ ○
❺ ✕　❻ ✕　❼ ○　❽ ○
❾ ✕　❿ ✕

2 ❶ 히 → 가까이　　❷ 치 → 섭섭지
❸ 려 → 배우러　　❹ 숫돼 → 수퇘지
❺ 율 → 성장률　　❻ 쟁 → 칠장이
❼ 이 → 가만히　　❽ 양 → 식사량
❾ 웃 → 윗마을　　❿ 란 → 스포츠난

3 ❶ 틈틈히 → 틈틈이　　❷ 윗층 → 위층
❸ 수염소 → 숫염소　　❹ 넉넉치 → 넉넉지
❺ 겁장이 → 겁쟁이　　❻ 광고난 → 광고란
❼ 숫꿩 → 수꿩　　　❽ 웃도리 → 윗도리
❾ 할인률 → 할인율
❿ 늘리므로써 → 늘림으로써

4 ❶ 예 엄마, 제가 설거지를 깨끗이 했어요.
❷ 예 오늘부터 운동량을 좀 늘려 봐.
❸ 예 의자에 앉은 채 잠이 들었네. / 자는 체를 하는 거야?

정답 및 해설

29DAY 120~123쪽

120쪽

1 (1) 며칠   (2) 빨간색

2 (1) 며칠   (2) 빨강
   (3) 며칠   (4) 파란색

121쪽

1 (1) 삶   (2) 바람

2 (1) 바람   (2) 앎
   (3) 삶   (4) 바람

122쪽

1 (1) 해님   (2) 나무꾼

2 (1) 해님   (2) 나뭇잎
   (3) 나무꾼   (4) 해님

123쪽

1 (1) 눈살   (2) 철석같이

2 (1) 눈살   (2) 철석같이
   (3) 눈살   (4) 철석같이

30DAY 124~127쪽

124쪽

1 (1) 한다고   (2) 할게

2 (1) 있고   (2) 잘게요
   (3) 먹을 거야   (4) 언제고요

125쪽

1 (1) 치르고   (2) 잠그고

2 (1) 치렀다   (2) 잠그는
   (3) 잠갔다   (4) 치르는

126쪽

1 (1) 오랜만   (2) 금세

2 (1) 금세   (2) 오랜만에
   (3) 금세   (4) 오랫동안

127쪽

1 (1) 도대체   (2) 게시판

2 (1) 게시판   (2) 도대체
   (3) 대개   (4) 게시

31DAY 128~131쪽

128쪽

1 (1) 처졌다   (2) 끼어들지

2 (1) 처지지   (2) 끼어들었다
   (3) 처진   (4) 끼어들어

129쪽

1 (1) 안팎   (2) 곱빼기

2 (1) 안팎   (2) 곱빼기
   (3) 안팎   (4) 곱빼기

130쪽

1 (1) 폭발   (2) 통째

2 (1) 폭발   (2) 통째로
   (3) 폭발   (4) 뿌리째

131쪽

1 (1) 굳이   (2) 그러고 나서

2 (1) 굳이   (2) 그러고 나서
   (3) 굳이   (4) 그러고 나서

32DAY 132~133쪽

1 ❶ ×   ❷ ○   ❸ ○   ❹ ○
  ❺ ×   ❻ ○   ❼ ×   ❽ ×
  ❾ ○   ❿ ○

2 ❶ 쳐 → 처졌다   ❷ 램 → 바람
  ❸ 계 → 게시판   ❹ 여 → 끼어들었다
  ❺ 루 → 치르고   ❻ 구 → 계시고요
  ❼ 햇 → 해님   ❽ 랫 → 오랜만
  ❾ 배 → 곱빼기   ❿ 데 → 도대체

3 ❶ 구지 → 굳이   ❷ 몇 일 → 며칠
  ❸ 힘듬 → 힘듦   ❹ 잠궈야 → 잠가야
  ❺ 금새 → 금세   ❻ 오랜동안 → 오랫동안
  ❼ 통채 → 통째   ❽ 치뤘다 → 치렀다
  ❾ 눈쌀 → 눈살
  ❿ 그리고 나서 → 그러고 나서

4 ❶ 예 오늘 낮에 우리 동네에서 폭발 사고가 있었대.
  ❷ 예 먼저 가. 나는 조금 이따가 갈게.
  ❸ 예 빨간색 색연필 하나 주세요.

176 기적특강

33DAY 134~137쪽

134쪽

1 (1) 삼가야 (2) 설레어서
2 (1) 설레는 (2) 설렘
(3) 삼가세요 (4) 삼가는

135쪽

1 (1) 개수 (2) 초점
2 (1) 개수 (2) 초점
(3) 횟수 (4) 초점

136쪽

1 (1) 나는 (2) 바뀌어
2 (1) 나는 (2) 사귀었다
(3) 바뀌어서 (4) 노는

137쪽

1 (1) 건더기 (2) 트림
2 (1) 건더기 (2) 트림
(3) 건더기 (4) 트림

34DAY 138~141쪽

138쪽

1 (1) 법석 (2) 시끌벅적
2 (1) 법석 (2) 시끌벅적
(3) 덥석 (4) 시끌벅적

139쪽

1 (1) 찌개 (2) 육개장
2 (1) 육개장 (2) 김치찌개
(3) 육개장 (4) 된장찌개

140쪽

1 (1) 가려고 (2) 일찍이
2 (1) 가려고 (2) 일찍이
(3) 하려고 (4) 더욱이

141쪽

1 (1) 담그고 (2) 어이없어서
2 (1) 어이없다 (2) 담그는
(3) 담갔다 (4) 어이없는

35DAY 142~145쪽

142쪽

1 (1) 싹둑 (2) 거꾸로
2 (1) 거꾸로 (2) 싹둑
(3) 거꾸로 (4) 싹둑

143쪽

1 (1) 빈털터리 (2) 건드리면
2 (1) 건드리지 (2) 빈털터리
(3) 건드리자 (4) 빈털터리

144쪽

1 (1) 움큼 (2) 과녁
2 (1) 움큼 (2) 과녁
(3) 움큼 (4) 과녁

145쪽

1 (1) 자그마치 (2) 내로라하는
2 (1) 내로라하는 (2) 자그마치
(3) 내로라하는 (4) 자그마치

36DAY 146~147쪽

1 ❶ ○ ❷ × ❸ × ❹ ○
❺ × ❻ × ❼ ○ ❽ ○
❾ ○ ❿ ×

2 ❶ 꺼 → 거꾸로 ❷ 의 → 어이없는
❸ 을 → 먹으려고 ❹ 데 → 건더기
❺ 웅 → 움큼 ❻ 계 → 육개장
❼ 만 → 자그마치 ❽ 쩍 → 시끌벅적
❾ 노 → 내로라하는 ❿ 촛 → 초점

3 ❶ 사겼어 → 사귀었어 ❷ 일찌기 → 일찍이
❸ 바꼈어 → 바뀌었어 ❹ 덥썩 → 덥석
❺ 담구신 → 담그신 ❻ 트름 → 트림
❼ 할려고 → 하려고 ❽ 과녁 → 과녁
❾ 놀으는 → 노는 ❿ 설레임 → 설렘

4 ❶ 예 공공장소에서는 시끄럽게 떠드는 것을 삼가
야 해요.
❷ 예 민준아, 혹시 내 작품 건드렸어?
❸ 예 머리를 싹둑 잘라야겠어.

37DAY 148~151쪽

148쪽

1 (1) 희한하게 (2) 간질이며
2 (1) 간질였다 (2) 희한한
  (3) 간질이면 (4) 희한하게

149쪽

1 (1) 역할 (2) 천장
2 (1) 천장 (2) 역할
  (3) 천장 (4) 역할

150쪽

1 (1) 널따란 (2) 올바르게
2 (1) 널따란 (2) 올바른
  (3) 널따랗게 (4) 올발랐기

151쪽

1 (1) 얼마큼 (2) 오두방정
2 (1) 얼마큼 (2) 오두방정
  (3) 얼마큼 (4) 오두방정

38DAY 152~155쪽

152쪽

1 (1) 파이팅 (2) 프라이
2 (1) 파이팅 (2) 프라이드치킨
  (3) 파이팅 (4) 프렌치프라이

153쪽

1 (1) 에어컨 (2) 리모컨
2 (1) 컨디션 (2) 리모컨
  (3) 에어컨 (4) 컨트롤

154쪽

1 (1) 주스 (2) 슈퍼마켓
2 (1) 주스 (2) 슈퍼맨
  (3) 슈퍼마켓 (4) 당근주스

155쪽

1 (1) 레저 (2) 메시지
2 (1) 메시지 (2) 레저
  (3) 소시지 (4) 텔레비전

39DAY 156~159쪽

156쪽

1 (1) 로봇 (2) 케이크
2 (1) 로켓 (2) 도넛
  (3) 케이크 (4) 로봇

157쪽

1 (1) 초콜릿 (2) 캐러멜
2 (1) 초콜릿 (2) 캐러멜
  (3) 캐럴 (4) 초콜릿

158쪽

1 (1) 판다 (2) 블록
2 (1) 판다 (2) 블록
  (3) 판다 (4) 블록

159쪽

1 (1) 돈가스 (2) 센티미터
2 (1) 카페 (2) 돈가스
  (3) 센티미터 (4) 생선가스

40DAY 160~161쪽

1 ❶ ○ ❷ × ❸ ○ ❹ ×
  ❺ ○ ❻ ○ ❼ × ❽ ○
  ❾ ○ ❿ ×

2 ❶ 져 → 레저 ❷ 콘 → 리모컨
  ❸ 치 → 센티미터 ❹ 수 → 슈퍼마켓
  ❺ 안 → 희한한 ❻ 정 → 천장
  ❼ 렛 → 초콜릿 ❽ 도 → 오두방정
  ❾ 후 → 프라이 ❿ 옳 → 올발랐다는

3 ❶ 후라이팬 → 프라이팬
  ❷ 간지러서 → 간질여서(간질이어서)
  ❸ 케익 → 케이크 ❹ 블럭 → 블록
  ❺ 에어콘 → 에어컨 ❻ 팬더 → 판다
  ❼ 옳바른 → 올바른 ❽ 메세지 → 메시지
  ❾ 센치미터 → 센티미터 ❿ 초코렛 → 초콜릿

4 ❶ 예 이번 연극에서 어떤 역할을 맡고 싶니?
  ❷ 예 와! 저는 돈가스를 먹고 싶어요.
  ❸ 예 간장을 얼마큼 넣어야 하지?

01 ③

02 (1) -죠 (2) -데 (3) -러 (4) -든

03 ⑤　　　　　　　　04 ④

05 ②　　　　　　　　06 ㉮, ㉯, ㉱

07 ②　　　　　　　　08 ㉱

09 ⑤　　　　　　　　10 ④

11 널따란　　　　　　12 ㉰, ㉱

13 ③　　　　　　　　14 ④

15 ④　　　　　　　　16 ②

17 ③　　　　　　　　18 소

19 예 눈을 감은 채로 노래를 들었다.

20 안는다면 → 않는다면

01 ①의 '체'는 '그럴듯하게 꾸미는 태도.'를 뜻하고, ②의 '데로'는 '어떤 곳으로.'라는 뜻입니다. ④의 '-장이'는 '어떤 기술을 가진 사람.'을 뜻하고, ⑤의 '말라'는 '책 등에서 간접적으로 명령하거나 명령을 인용할 때 쓰는 말.'입니다.

02 '-던'은 '과거의 일을 나타내는 말.'이고, '-대'는 '-다고 해'의 준말입니다. '-려'는 '행동의 의도가 있음을 나타내거나 상태의 변화를 나타내는 말.'이고, '줘'는 '주어'의 준말입니다.

03 ⑤의 '되서'는 '되어서'나 '돼서'로 고쳐 써야 합니다.

04 ①의 '살다'는 '삶', ②의 '자다'는 '잠', ③의 '꾸다'는 '꿈', ⑤의 '바라다'는 '바람'으로 바꾸어 써야 합니다.

05 '율'은 모음으로 끝나는 말과 ㄴ 받침 뒤에 붙이고, '률'은 ㄴ 받침을 제외한 받침 뒤에 붙입니다. '량'과 '란'은 한자어 뒤에 붙이고, '양'과 '난'은 고유어나 외래어 뒤에 붙입니다. 끝음절 소리가 [이]로만 나는 경우에는 '-이'를 붙이고, 끝음절 소리가 [히]로만 나거나 [이]나 [히]로 나는 경우에는 '-히'를 붙입니다.

06 ㉰의 '로보트'는 '로봇', ㉲의 '돈까스'는 '돈가스', ㉳의 '센치미터'는 '센티미터'로 고쳐 써야 합니다.

07 ①의 '계시판'은 '게시판', ③의 '갯수'는 '개수', ④의 '역활'은 '역할', ⑤의 '폭팔'은 '폭발'로 고쳐 써야 합니다.

08 ㉱의 '오랫만'은 '오랜만'으로 고쳐 써야 합니다.

09 ①에는 '잠그고', ②에는 '끼어들지', ③에는 '통째', ④에는 '윗사람'이 들어가야 합니다.

10 ①의 '곱배기'는 '곱빼기', ②의 '간지렀다'는 '간질였다', ③의 '촛점'은 '초점', ⑤의 '시끌벅쩍'은 '시끌벅적'으로 고쳐 써야 합니다.

11 '널따랗다'가 맞춤법에 맞는 말이므로 '널따란'이라고 고쳐 써야 합니다.

12 ㉮의 '설레임'은 '설렘', ㉯의 '땅콩 카라멜'은 '땅콩 캐러멜'이라고 써야 맞춤법에 맞습니다.

13 ㉢ '그리고 나서'는 '그러고 나서'로 고쳐 써야 합니다. '그러고 나서'는 '그러다'에 '-고 나서'가 붙어서 만들어진 말입니다.

14 ㉲에 들어갈 말은 '웬'입니다. ①은 '웬일', ②는 '웬만큼', ③은 '웬만하면', ④는 '왠지', ⑤는 '웬걸'이 맞춤법에 맞는 말입니다. ④에 들어갈 말만 '왠'으로 ㉲과 다릅니다.

15 '안팎'은 '안과 밖.'이라는 뜻이지만 '안밖'이라고 쓰지 않도록 주의해야 합니다.

16 '빨간색'은 맞춤법에 맞는 말로, '빨강'이라고 쓸 수도 있습니다. '꺼꾸로'는 '거꾸로'로, '메세지'는 '메시지'로 고쳐 써야 합니다.

17 '새'는 받침이 없는 말이므로 ㉠에는 '예요'가 들어가야 하고, '닭'은 받침이 있는 말이므로 ㉡에는 '이에요'가 들어가야 합니다.

18 '수소', '숫양', '숫쥐', '숫염소'가 맞춤법에 맞는 말입니다.

19 '있는 상태 그대로.'를 뜻하는 '채'를 넣어 문장을 써 봅니다.

20 '~지 않는다면'이 바른 표현이므로 '안는다면'을 '않는다면'으로 고쳐 써야 합니다.

어휘 찾아보기

지은이 기적학습연구소

"혼자서 작은 산을 넘는 아이가 나중에 큰 산도 넘습니다"

본 연구소는 아이들이 혼자서 큰 산까지 넘을 수 있는 힘을 키워 주고자 합니다.
아이들의 연령에 맞게 학습의 산을 작게 만들어 혼자서도 쉽게 넘을 수 있게 만듭니다.
때로는 작은 고난도 경험하게 하여 성취감도 맛보게 합니다.
그리고 아이들에게 실제로 적용해서 검증을 통해 차근차근 책을 만들어 갑니다.
아이가 주인공인 기적학습연구소 [국어과]의 대표적 저작물은 〈기적의 독해력〉, 〈기적의 독서 논술〉, 〈30일 완성 한글 총정리〉,
〈어휘를 정복하는 한자의 힘〉 등이 있습니다.

 그만 틀리고 싶은 초등 고학년 맞춤법

초판 발행 2024년 3월 3일
초판 4쇄 발행 2025년 1월 20일

지은이 기적학습연구소
발행인 이종원
발행처 길벗스쿨
출판사 등록일 2006년 6월 16일
주소 서울시 마포구 월드컵로 10길 56(서교동 467-9)
대표 전화 02)332-0931　　**팩스** 02)323-0586
홈페이지 www.gilbutschool.co.kr　　**이메일** gilbut@gilbut.co.kr

기획 신경아(skalion@gilbut.co.kr)　　**책임 편집 및 진행** 박은숙, 유명희
제작 이준호, 손일순, 이진혁　　**영업마케팅** 문세연, 박선경, 박다슬　　**웹마케팅** 박달님, 이재윤, 이지수, 나혜연
영업관리 김명자, 정경화　　**독자지원** 윤정아

표지 디자인 유어텍스트 배진웅　　**본문 디자인** 스튜디오 서로
본문 일러스트 이탁근　　**전산 편집** 린 기획
인쇄 교보피앤비　　**제본** 경문제책

ISBN 979-11-6406-702-2 63710(길벗스쿨 도서번호10863)
정가 14,000원

독자의 1초를 아껴주는 정성 **길벗출판사** ┈┈┈┈┈┈┈┈┈┈┈┈┈┈┈┈┈┈┈┈┈┈

길벗스쿨 국어학습서, 수학학습서, 유아콘텐츠유닛, 주니어어학1/2, 어린이교양1/2, 교과서, 길벗스쿨콘텐츠유닛
길벗 IT실용서, IT/일반 수험서, IT전문서, 어학단행본, 어학수험서, 경제실용서, 취미실용서, 건강실용서, 자녀교육서
더퀘스트 인문교양서, 비즈니스서